BIBLICAL
GREEK
VOCABULARY
in CONTEXT

Other Resources by Miles V. Van Pelt and Gary D. Pratico

Biblical Hebrew Vocabulary in Context

Basics of Biblical Hebrew Grammar

Basics of Biblical Hebrew Workbook

Charts of Biblical Hebrew

Graded Reader of Biblical Hebrew

Old Testament Hebrew Vocabulary Cards

The Vocabulary Guide to Biblical Hebrew and Aramaic

Biblical Hebrew Laminated Sheet

Other Resources by Miles V. Van Pelt

English Grammar to Ace Biblical Hebrew

Biblical Hebrew: A Compact Guide

Basics of Biblical Hebrew Video Lectures

Basics of Biblical Hebrew Vocabulary Audio

Basics of Biblical Aramaic: Complete Grammar, Lexicon, and Annotated Text

Basics of Biblical Aramaic Video Lectures

BIBLICAL GREEK VOCABULARY *in* CONTEXT

Building Competency
with Words Occurring
25 Times or More

MILES V. VAN PELT

KATHARINE C. VAN PELT

ZONDERVAN
ACADEMIC

ZONDERVAN ACADEMIC

Biblical Greek Vocabulary in Context
Copyright © 2021 by Miles V. Van Pelt

ISBN 978-0-310-11466-6 (softcover)

ISBN 978-0-310-11467-3 (ebook)

Requests for information should be addressed to:
Zondervan, *3900 Sparks Dr. SE, Grand Rapids, Michigan 49546*

Unless otherwise indicated, Scripture quotations are those of the authors.

Any internet addresses (websites, blogs, etc.) and telephone numbers in this book are offered as a resource. They are not intended in any way to be or imply an endorsement by Zondervan, nor does Zondervan vouch for the content of these sites and numbers for the life of this book.

Cover design: Holli Leegwater
Cover photo: Sandipkumar Patel/iStock
Typesetting: Miles V. Van Pelt

Printed in the United States of America

21 22 23 24 25 26 27 28 29 30 /LSC/ 17 16 15 14 13 12 11 10 9 8 7 6 5 4 3 2 1

γέγραπται, οὐκ ἐπ' ἄρτῳ μόνῳ ζήσεται ὁ ἄνθρωπος,
ἀλλ' ἐπὶ παντὶ ῥήματι ἐκπορευομένῳ διὰ στόματος θεοῦ.

It is written, "Mankind will not live by bread alone,
but by every word that comes from the mouth of God."

Matthew 4:4

Table of Contents

Acknowledgments

It is a great privilege to teach the biblical languages and I am always thankful for those students who continue to challenge me to innovate and produce resources that facilitate the learning process. Thanks also to Zondervan for their continued commitment to produce resources supporting the study of the biblical languages, in addition to several other languages that remain vitally important for the study of the Bible. It is always a pleasure to work with Zondervan's expert editorial team, especially Nancy Erickson and Chris Beetham. Many thanks to my former student and now friend, Paul Sanduleac, for his expert assistance in editing, computing, and content evaluation. I remain forever grateful for a family that supports and encourages my work. In this case, I am especially grateful for the opportunity to partner with my daughter in the creation of this book. Kacie conducted the initial search of the Greek New Testament and created the first list of texts that contained all 513 words designated for this contextual vocabulary resource. She carefully documented which words were selected from each text in order to make the list, providing me with the necessary data to reduce the list to the now 172 texts with fewer than 50 total words that required glossing. The listing of vocabulary words with each text is a new feature and a major improvement that I hope to implement in the Hebrew counterpart. Kacie also provided expert editorial assistance, especially with the translations that appear with the Greek texts. Finally, allow me to express my overwhelming gratitude and indebtedness to Bill Mounce, to whom this resource is dedicated. Not only did Bill teach me Greek at Azusa Pacific University in 1991–92, he also taught me how to teach the biblical languages and how to conceive of innovative resources with the beginning student in mind. With his *Basics of Biblical Greek* (Zondervan, 1993), Bill set in motion a revolution in the production of biblical-language resources that continues today. In the latter half of the twentieth century, the study of the biblical languages was in sharp decline. Today we are experiencing a healthy resurgence, largely due to the pioneering work and influence of Bill Mounce. This is not simply an academic achievement, but one that continues to impact pastors and congregants around the world.

Introduction

What is a Contextual Vocabulary List?

A contextual vocabulary list is comprised of texts with vocabulary words already memorized by a student. The selected texts are designed to reinforce basic vocabulary by studying those words "in context." In this resource, we have identified and selected 172[1] texts from the Greek New Testament containing all 513[2] Greek words (excluding proper names) that appear 25 times or more. Only 44 words in the 172 texts occur less that 25 times. We have glossed those few words in footnotes, often giving a basic range of meaning followed by the inflected meaning in quotation marks. Proper names are relatively easy to identify with a capitalized first letter and then simple transliteration.[3] If a student has successfully memorized all Greek words that appear 25 times or more in the Greek New Testament, he or she should be able to work through each of the texts that appear in this list without the use of a lexicon. This includes the expectation that students have memorized certain principal parts for

---

1. Most of the numbered texts in this book consist of a single verse. Two texts contain two verses (21. Matthew 11:14–15 and 28. Matthew 14:28–29) and two texts contain a partial verse (108. John 21:17* and 162. Revelation 2:2*, each marked with an asterisk). Final punctuation was maintained for Greek verses that terminated with a period, semicolon, or question mark. For verses that terminated with a comma or no punctuation, a period was added in most cases. In a few instances, an ellipsis was used.

2. The Accordance Bible software database distinguishes ἐάν[I] from ἐάν[II]. BDAG (a standard Greek lexicon) does not make this distinction, but rather considers ἐάν[II] to be a third use of ἐάν, a "marker of the possibility of any number of occurrences of the same event, *ever* freq. in place of ἄν" (BDAG 268). Similarly, Accordance distinguishes εἰ (if; whether) from εἴτε (either/or, even if), while εἴτε is listed under εἰ in BDAG. We have followed Accordance in each case simply for the benefit of the beginning student.

3. In this contextual vocabulary resource, there are 57 different proper nouns that occur 190 total times. For review and reference, these proper nouns are listed on page 124. They also appear in the Greek-English lexicon included in the back of this book beginning on page 97.

verbs that experience significant change in their various tense stems. A list of some of the more common and difficult verbs of this type (*Verbs of the Sola Bootstrapa Type*) appears in an appendix just after the Greek-English Lexicon.

Each text is sequentially numbered (1–172) and the verse reference follows. After the verse reference, we have listed those vocabulary words that constitute part of the list of 513 words that occur 25 times or more in the Greek New Testament. Below the line containing the text number, verse reference, and vocabulary items, the Greek text is provided, which is then followed by a wooden translation of that text as the following example illustrates:

1. Matthew 1:2 ✳ γεννάω, ὁ, δέ, καί, ἀδελφός, αὐτός

Ἀβραὰμ ἐγέννησεν τὸν Ἰσαάκ, Ἰσαὰκ δὲ ἐγέννησεν τὸν Ἰακώβ,

Ἰακὼβ δὲ ἐγέννησεν τὸν Ἰούδαν καὶ τοὺς ἀδελφοὺς αὐτοῦ.

Abraham fathered Isaac, and Isaac fathered Jacob, and Jacob fathered Judah and his brothers.

The spacing of the Greek text in the first list allows for note-taking. The wooden translations are heuristic, designed to help the beginning student identify vocabulary words. They are not to be considered a polished, dynamic rendering into modern English. For example, we usually translate all of the clause connectors and introductions to speech. Words like these may be left out or simplified in a modern English translation. It is important to remember that the goal of this resource is to reinforce Greek vocabulary, not to instruct in Bible translation or enter into the modern debate over translation technique.

Why Study Vocabulary in Context?

It's one thing to memorize a vocabulary word on a vocabulary card without any context, something like ἀγαπάω (to love) or λέγω (to say). It's another thing entirely to see that same word "in context" and make the connection between the inflected form and its lexical form, as in ἠγάπησεν (he loved) or ἐρρέθη (it was said). Unless a student can identify inflected forms in context and connect them with their vocabulary memorization, they will struggle to read and enjoy Greek. Additionally, seeings words in context helps the student to understand the range of meaning Greek words can have.

By encountering Greek vocabulary in context, students will strengthen their memorization of a word's meaning and improve the time it takes to recall that meaning. Additionally, studying Greek vocabulary in context allows for students to make connections between words that will facilitate memorization. For example, in Mark 10:29 there is a list of family terms (brother, sister, mother, father, and child). By studying the names of these family terms together in context, students are better able to store and recall this information.

To read Greek well takes practice, lots and lots of practice. Each year, students ask what they should do to improve their Greek skills. The answer is always the same. Read more Greek! Reading Greek is what makes you better at reading Greek. We recognize, however, that unguided immersion into the Greek New Testament is a daunting task, especially for the beginner. This is why we have created this contextual vocabulary list. Students will be encouraged by working with a list designed to improve their skill in reading, one of the great joys of studying a language like biblical Greek. Note that a large portion of the texts in this resource derive from the Gospels, a decision again favoring the skills of the beginning student.

How Do You Use a Contextual Vocabulary List?

You read it! This contextual vocabulary list is designed to reinforce the core vocabulary of the Greek New Testament. Before using this resource a student should memorize all of the Greek words occurring 25 times of more in the Greek New Testament.[4]

The contextual vocabulary list that we have created appears two times in this resource. Each list is identically numbered (1–172) in order to facilitate study.

In the first list, each text appears with a wooden English translation and space to take notes on the Greek text. This first list can be used like a workbook. Students can gloss words, comment on difficult morphology, or identify important syntactical constructions.

The second list appears without English translations and with less space for note-taking. This second list is designed to test a student's ability to sight-read the Greek text without recourse to a grammar, lexicon, or English translation. The ultimate purpose and design of this resource is to facilitate a student's ability to sight-read all 172 texts that appear in the contextual vocabulary list.

In a classroom context, this list can be used to create vocabulary quizzes that depart from the traditional presentation of a simple lexical form requiring a generic translation from the student. Because the lists are numbered, instructors can assign texts and quizzes from appropriate blocks of material that suit the particular needs of various classroom contexts and environments.

This resource is also well-suited for self study. Students studying on their own should select small blocks of texts from List 1, perhaps ten

---

4. In *Basics of Biblical Greek*, Mounce has students learn all Greek words occurring 50 or more times in the Greek New Testament, plus a few extras, coming to 319 total words. There are less than 200 remaining words to memorize and these words are conveniently identified in *The Complete Vocabulary Guide to the Greek New Testament*, 2nd ed. (Grand Rapids: Zondervan, 1998) by Warren C. Trenchard.

or fifteen texts at a time. After having studied those texts in the first list, students can check their ability to sight-read by using the second list that appears without translations. Once a group of texts has been mastered, students can progress through the remaining texts in the same manner, always keeping in mind the vital importance of reviewing previous material.

A modest investment in vocabulary memorization will yield big gains for the beginning student. It is motivating to understand that once a student can identify in context all 513 Greek words that appear 25 times or more in the Greek New Testament, he or she will have access to almost 90 percent of Greek vocabulary in the New Testament.[5] Vocabulary memorizing is one of the key components for increasing one's ability to read the New Testament in Greek. As reading fluency increases so will the joy of reading the text, which in turn should keep you coming back to the text, again increasing your reading proficiency. It is a wonderful cycle within which to live. Read your Greek Bible every day and never give up!

---

5. According to the Accordance database, there are 138,158 words in the in the Greek New Testament. The 513 Greek words covered in this contextual vocabulary list comprise 115,811 or 83% of the total word count in the Greek New Testament. Add to this the ability to identify proper nouns (4,133 total) and students will have access to approximately 87% of the vocabulary in their Greek Bibles. A great beginning!

List 1

Greek Texts
with
Translations

1. Matthew 1:2 ✳ γεννάω, ὁ, δέ, καί, ἀδελφός, αὐτός

Ἀβραὰμ ἐγέννησεν τὸν Ἰσαάκ, Ἰσαὰκ δὲ ἐγέννησεν τὸν Ἰακώβ,

Ἰακὼβ δὲ ἐγέννησεν τὸν Ἰούδαν καὶ τοὺς ἀδελφοὺς αὐτοῦ.

Abraham fathered Isaac, and Isaac fathered Jacob, and Jacob fathered Judah and his brothers.

2. Matthew 2:5 ✳ ἐν, οὕτως, γάρ, γράφω, προφήτης

οἱ δὲ εἶπαν αὐτῷ, Ἐν Βηθλέεμ τῆς Ἰουδαίας· οὕτως γὰρ γέγραπται

διὰ τοῦ προφήτου·

And they told him, "In Bethlehem of Judah, for so it is written by the prophet . . ."

3. Matthew 2:21 ✳ ἐγείρω, παραλαμβάνω, παιδίον, μήτηρ, εἰσέρχομαι, εἰς, γῆ

ὁ δὲ ἐγερθεὶς παρέλαβεν τὸ παιδίον καὶ τὴν μητέρα αὐτοῦ καὶ

εἰσῆλθεν εἰς γῆν Ἰσραήλ.

And he, getting up, took the child and his mother, and entered into the land of Israel.

4. Matthew 2:23 ✳ ἔρχομαι, κατοικέω, πόλις, ὅπως, ὅτι, καλέω

καὶ ἐλθὼν κατῴκησεν εἰς πόλιν λεγομένην Ναζαρέτ· ὅπως

πληρωθῇ τὸ ῥηθὲν διὰ τῶν προφητῶν ὅτι Ναζωραῖος κληθήσεται.

And going, he dwelt in a town called Nazareth; so that what was spoken by the prophets should be fulfilled, "He will be called a Nazarene."

5. Matthew 3:9 ✳ μή, δοκέω, ἑαυτοῦ, πατήρ, σύ, δύναμαι, θεός, λίθος, οὗτος, τέκνον

καὶ μὴ δόξητε λέγειν ἐν ἑαυτοῖς, Πατέρα ἔχομεν τὸν Ἀβραάμ.

λέγω γὰρ ὑμῖν ὅτι δύναται ὁ θεὸς ἐκ τῶν λίθων τούτων ἐγεῖραι

τέκνα τῷ Ἀβραάμ.

And do not think to say among yourselves, "We have Abraham as our father." For I say to you that God is able from these stones to raise up children for Abraham.

6. Matthew 3:13 ✳ παραγίνομαι, ἀπό, ἐπί, πρός, βαπτίζω, ὑπό

Τότε παραγίνεται ὁ Ἰησοῦς ἀπὸ τῆς Γαλιλαίας ἐπὶ τὸν Ἰορδάνην

πρὸς τὸν Ἰωάννην τοῦ βαπτισθῆναι ὑπ' αὐτοῦ.

Then Jesus came from Galilee to the Jordan to John to be baptized by him.

7. Matthew 4:1 ✳ ἔρημος, διάβολος

Τότε ὁ Ἰησοῦς ἀνήχθη[1] εἰς τὴν ἔρημον ὑπὸ τοῦ πνεύματος

πειρασθῆναι ὑπὸ τοῦ διαβόλου.

Then Jesus was led up into the wilderness by the Spirit to be tempted by the devil.

8. Matthew 4:17 ✳ ἄρχω, κηρύσσω, μετανοέω, ἐγγίζω, βασιλεία, οὐρανός

Ἀπὸ τότε ἤρξατο ὁ Ἰησοῦς κηρύσσειν καὶ λέγειν, Μετανοεῖτε·

ἤγγικεν γὰρ ἡ βασιλεία τῶν οὐρανῶν.

From that time, Jesus began to preach and to say, "Repent, for the kingdom of heaven is near."

9. Matthew 5:20 ✳ ἐάν[1], περισσεύω, δικαιοσύνη, πολύς, γραμματεύς

Λέγω γὰρ ὑμῖν ὅτι ἐὰν μὴ περισσεύσῃ ὑμῶν ἡ δικαιοσύνη πλεῖον

τῶν γραμματέων καὶ Φαρισαίων, οὐ μὴ εἰσέλθητε εἰς τὴν

βασιλείαν τῶν οὐρανῶν.

For I say to you that unless your righteousness abounds more than that of the scribes and Pharisees, you will certainly not enter into the kingdom of heaven.

---

1. ἀνάγω, to lead, bring up, "was led up."

10. Matthew 8:9 ✴ στρατιώτης, δοῦλος

καὶ γὰρ ἐγὼ ἄνθρωπός εἰμι ὑπὸ ἐξουσίαν, ἔχων ὑπ' ἐμαυτὸν

στρατιώτας, καὶ λέγω τούτῳ, Πορεύθητι, καὶ πορεύεται, καὶ

ἄλλῳ, Ἔρχου, καὶ ἔρχεται, καὶ τῷ δούλῳ μου· Ποίησον τοῦτο, καὶ

ποιεῖ.

For I am also a person under authority, having soldiers under me.
And I say to this one, "Go," and he goes, and to another, "Come,"
and he comes, and to my servant, "Do this," and he does (it).

11. Matthew 9:13 ✴ μανθάνω, θυσία, δίκαιος

πορευθέντες δὲ μάθετε τί ἐστιν, Ἔλεος θέλω καὶ οὐ θυσίαν· οὐ γὰρ

ἦλθον καλέσαι δικαίους ἀλλὰ ἁμαρτωλούς.

And when you go, learn what it is (means), "I desire mercy and
not sacrifice." For I did not come to call the righteous, but sinners.

12. Matthew 9:28 ✴ προσέρχομαι, τυφλός, πιστεύω, ποιέω, ναί, κύριος

ἐλθόντι δὲ εἰς τὴν οἰκίαν προσῆλθον αὐτῷ οἱ τυφλοί, καὶ λέγει

αὐτοῖς ὁ Ἰησοῦς, Πιστεύετε ὅτι δύναμαι τοῦτο ποιῆσαι; λέγουσιν

αὐτῷ, Ναὶ κύριε.

And when he came into the house, the blind people came to him,
and Jesus said to them, "Do you believe that I am able to do this?"
They said to him, "Yes, Lord."

13. Matthew 9:34 ✳ ἄρχων, δαιμόνιον, ἐκβάλλω

οἱ δὲ Φαρισαῖοι ἔλεγον, Ἐν τῷ ἄρχοντι τῶν δαιμονίων ἐκβάλλει τὰ δαιμόνια.

But the Pharisees were saying, "By the ruler of the demons he is casting out the demons."

14. Matthew 10:2 ✳ δώδεκα, ἀπόστολος, ὄνομα, εἰμί, πρῶτος

Τῶν δὲ δώδεκα ἀποστόλων τὰ ὀνόματά ἐστιν ταῦτα· πρῶτος Σίμων ὁ λεγόμενος Πέτρος καὶ Ἀνδρέας ὁ ἀδελφὸς αὐτοῦ, καὶ Ἰάκωβος ὁ τοῦ Ζεβεδαίου καὶ Ἰωάννης ὁ ἀδελφὸς αὐτοῦ.

And these are the names of the twelve apostles: first Simon who is called Peter and Andrew his brother, then James the son of Zebedee and John his brother.

15. Matthew 10:5 ✳ ἀποστέλλω, παραγγέλλω, ὁδός, ἔθνος, ἀπέρχομαι

Τούτους τοὺς δώδεκα ἀπέστειλεν ὁ Ἰησοῦς παραγγείλας αὐτοῖς λέγων, Εἰς ὁδὸν ἐθνῶν μὴ ἀπέλθητε καὶ εἰς πόλιν Σαμαριτῶν μὴ εἰσέλθητε·

These twelve Jesus sent out, commanding them, saying, "On the road of gentiles do not go and into a town of Samaritans do not enter."

16. Matthew 10:6 ✳ πορεύομαι, μᾶλλον, πρόβατον, ἀπόλλυμι

πορεύεσθε δὲ μᾶλλον πρὸς τὰ πρόβατα τὰ ἀπολωλότα οἴκου

Ἰσραήλ.

But go rather to the lost (perishing) sheep of the house of Israel.

17. Matthew 10:23 ✳ ὅταν, διώκω, φεύγω, ἕτερος, ἀμήν, οὐ, τελέω, ἕως, ἄν, υἱός, ἄνθρωπος

Ὅταν δὲ διώκωσιν ὑμᾶς ἐν τῇ πόλει ταύτῃ, φεύγετε εἰς τὴν

ἑτέραν· ἀμὴν γὰρ λέγω ὑμῖν, οὐ μὴ τελέσητε τὰς πόλεις τοῦ

Ἰσραὴλ ἕως ἂν ἔλθῃ ὁ υἱὸς τοῦ ἀνθρώπου.

But when they persecute you in this city, flee to the other; for truly I say to you, you will certainly not have finished (going through) the cities of Israel when the Son of Man comes.

18. Matthew 10:32 ✳ ἔμπροσθεν

Πᾶς οὖν ὅστις ὁμολογήσει ἐν ἐμοὶ ἔμπροσθεν τῶν ἀνθρώπων,

ὁμολογήσω κἀγὼ ἐν αὐτῷ ἔμπροσθεν τοῦ πατρός μου τοῦ ἐν [τοῖς]

οὐρανοῖς·

Therefore, everyone who will acknowledge me before men, I will also acknowledge him before my Father in heaven.

19. Matthew 10:37 ✳ ἤ, θυγάτηρ

Ὁ φιλῶν πατέρα ἢ μητέρα ὑπὲρ ἐμὲ οὐκ ἔστιν μου ἄξιος, καὶ ὁ

φιλῶν υἱὸν ἢ θυγατέρα ὑπὲρ ἐμὲ οὐκ ἔστιν μου ἄξιος·

The one who loves a father or mother more than me is not worthy of me, and the one who loves a son or daughter more than me is not worthy of me.

20. Matthew 11:4 ✳ ἀποκρίνομαι, ἀπαγγέλλω, βλέπω

καὶ ἀποκριθεὶς ὁ Ἰησοῦς εἶπεν αὐτοῖς, Πορευθέντες ἀπαγγείλατε

Ἰωάννῃ ἃ ἀκούετε καὶ βλέπετε·

And answering, Jesus said to them, "When you go, report to John what you hear and see."

21. Matthew 11:13-14 ✳ πᾶς, νόμος, προφητεύω, θέλω, δέχομαι, μέλλω

πάντες γὰρ οἱ προφῆται καὶ ὁ νόμος ἕως Ἰωάννου ἐπροφήτευσαν·

καὶ εἰ θέλετε δέξασθαι, αὐτός ἐστιν Ἡλίας ὁ μέλλων ἔρχεσθαι.

For all the Prophets and the Law prophesied until John and, if you are willing to accept (it), he is Elijah, the one destined to come.

22. Matthew 12:2 ✳ ὁράω, ἰδού, ἔξεστιν, σάββατον

οἱ δὲ Φαρισαῖοι ἰδόντες εἶπαν αὐτῷ, Ἰδοὺ οἱ μαθηταί σου ποιοῦσιν

ὃ οὐκ ἔξεστιν ποιεῖν ἐν σαββάτῳ.

But when the Pharisees saw (it) they said to him, "Look, your disciples are doing what is not lawful to do on a sabbath (day)."

23. Matthew 12:38 ✳ τότε, τις, διδάσκαλος, σημεῖον

Τότε ἀπεκρίθησαν αὐτῷ τινες τῶν γραμματέων καὶ Φαρισαίων

λέγοντες, Διδάσκαλε, θέλομεν ἀπὸ σοῦ σημεῖον ἰδεῖν.

Then some of the scribes and Pharisees answered him, saying, "Teacher, we want to see a sign from you."

24. Matthew 13:1 ✳ ἡμέρα, ἐκεῖνος, ἐξέρχομαι, κάθημαι, παρά, θάλασσα

Ἐν τῇ ἡμέρᾳ ἐκείνῃ ἐξελθὼν ὁ Ἰησοῦς τῆς οἰκίας ἐκάθητο παρὰ

τὴν θάλασσαν·

On that day, when Jesus came out of the house, he sat by the sea.

25. Matthew 13:34 ✳ λαλέω, παραβολή, ὄχλος, χωρίς, οὐδείς

ταῦτα πάντα ἐλάλησεν ὁ Ἰησοῦς ἐν παραβολαῖς τοῖς ὄχλοις καὶ

χωρὶς παραβολῆς οὐδὲν ἐλάλει αὐτοῖς.

All these things Jesus spoke in parables to the crowds, and without
a parable he was speaking nothing to them.

26. Matthew 13:43 ✳ ἥλιος, οὖς

τότε οἱ δίκαιοι ἐκλάμψουσιν[2] ὡς ὁ ἥλιος ἐν τῇ βασιλείᾳ τοῦ πατρὸς

αὐτῶν. ὁ ἔχων ὦτα ἀκουέτω.

Then the righteous ones will shine forth as the sun in the
kingdom of their Father. The one who has ears, let him hear.

27. Matthew 14:16 ✳ χρεία, ἔχω, δίδωμι, ἐσθίω

ὁ δὲ [Ἰησοῦς] εἶπεν αὐτοῖς, Οὐ χρείαν ἔχουσιν ἀπελθεῖν, δότε

αὐτοῖς ὑμεῖς φαγεῖν.

But [Jesus] said to them, "They do not (have a) need to depart.
You give them (something) to eat."

---

2. ἐκλάμπω, to shine forth, "[they] will shine."

28. Matthew 14:28-29 ✳ κελεύω, ἐγώ, ὕδωρ, καταβαίνω, πλοῖον,
πεϱιπατέω

ἀποκριθεὶς δὲ αὐτῷ ὁ Πέτρος εἶπεν, Κύριε, εἰ σὺ εἶ, κέλευσόν με

ἐλθεῖν πρός σε ἐπὶ τὰ ὕδατα. ὁ δὲ εἶπεν, Ἐλθέ. καὶ καταβὰς ἀπὸ

τοῦ πλοίου [ὁ] Πέτρος περιεπάτησεν ἐπὶ τὰ ὕδατα καὶ ἦλθεν πρὸς

τὸν Ἰησοῦν.

And answering him, Peter said, "Lord, if it is you, call me to come
to you on the water." And he said, "Come!" And getting down
from the boat, Peter walked on the water, and he came to Jesus.

29. Matthew 15:12 ✳ οἶδα, σκανδαλίζω

Τότε προσελθόντες οἱ μαθηταὶ λέγουσιν αὐτῷ, Οἶδας ὅτι οἱ

Φαρισαῖοι ἀκούσαντες τὸν λόγον ἐσκανδαλίσθησαν;

Then, when the disciples came, they said to him, "Do you know
that the Pharisees were offended when they heard this thing?"

30. Matthew 16:13 ✳ μέρος, ἐρωτάω, τίς

Ἐλθὼν δὲ ὁ Ἰησοῦς εἰς τὰ μέρη Καισαρείας τῆς Φιλίππου ἠρώτα

τοὺς μαθητὰς αὐτοῦ λέγων, Τίνα λέγουσιν οἱ ἄνθρωποι εἶναι τὸν

υἱὸν τοῦ ἀνθρώπου;

And when Jesus came into the region of Caesarea Philippi, he
asked his disciples, saying, "Who do people say that the Son of
Man is?"

31. Matthew 16:17 ✳ μακάριος, σάρξ, αἷμα, ἀποκαλύπτω, ἀλλά

ἀποκριθεὶς δὲ ὁ Ἰησοῦς εἶπεν αὐτῷ, Μακάριος εἶ, Σίμων Βαριωνᾶ,

ὅτι σὰρξ καὶ αἷμα οὐκ ἀπεκάλυψέν σοι ἀλλ' ὁ πατήρ μου ὁ ἐν τοῖς

οὐρανοῖς.

And answering, Jesus said to him, "Blessed are you, Simon son of
Jonah, because flesh and blood did not reveal (this) to you, but my
Father who is in heaven."

32. Matthew 17:10 ✳ ἐπερωτάω, οὖν, δεῖ

Καὶ ἐπηρώτησαν αὐτὸν οἱ μαθηταὶ λέγοντες, Τί οὖν οἱ γραμματεῖς

λέγουσιν ὅτι Ἠλίαν δεῖ ἐλθεῖν πρῶτον;

And his disciples asked him, saying, "Then why do the scribes say
that it is necessary for Elijah to come first?"

33. Matthew 17:12 ✳ ἤδη, ἐπιγινώσκω, ὅσος, πάσχω

λέγω δὲ ὑμῖν ὅτι Ἠλίας ἤδη ἦλθεν, καὶ οὐκ ἐπέγνωσαν αὐτὸν

ἀλλὰ ἐποίησαν ἐν αὐτῷ ὅσα ἠθέλησαν· οὕτως καὶ ὁ υἱὸς τοῦ

ἀνθρώπου μέλλει πάσχειν ὑπ' αὐτῶν.

But I say to you that Elijah has already come, and they did not
recognize him, but they did to him whatever they desired. And in
this way, the Son of Man is about to suffer because of them.

34. Matthew 18:1 ✳ ὥρα, ἄρα, μέγας

Ἐν ἐκείνῃ τῇ ὥρᾳ προσῆλθον οἱ μαθηταὶ τῷ Ἰησοῦ λέγοντες, Τίς

ἄρα μείζων ἐστὶν ἐν τῇ βασιλείᾳ τῶν οὐρανῶν;

In that hour, the disciples came to Jesus, saying, "Who, therefore,
is greatest in the kingdom of heaven?"

35. Matthew 20:20 ✳ μετά, προσκυνέω, αἰτέω

Τότε προσῆλθεν αὐτῷ ἡ μήτηρ τῶν υἱῶν Ζεβεδαίου μετὰ τῶν υἱῶν

αὐτῆς προσκυνοῦσα καὶ αἰτοῦσά τι ἀπ' αὐτοῦ.

Then the mother of the sons of Zebedee came to him with her
sons, kneeling and asking something from him.

36. Matthew 21:22 ✳ προσευχή, λαμβάνω

καὶ πάντα ὅσα ἂν αἰτήσητε ἐν τῇ προσευχῇ πιστεύοντες

λήμψεσθε.

And everything, as much as you ask in prayer, if you believe, you
will receive.

37. Matthew 21:24 ✳ λόγος, εἷς, ποῖος, ἐξουσία

ἀποκριθεὶς δὲ ὁ Ἰησοῦς εἶπεν αὐτοῖς, Ἐρωτήσω ὑμᾶς κἀγὼ λόγον

ἕνα, ὃν ἐὰν εἴπητέ μοι κἀγὼ ὑμῖν ἐρῶ ἐν ποίᾳ ἐξουσίᾳ ταῦτα ποιῶ·

And answering, Jesus said to them, "I will also ask you one thing,
which if you tell me, I will also tell you by what authority I am
doing these things."

38. Matthew 21:45 ✳ ἀρχιερεύς, γινώσκω, περί

Καὶ ἀκούσαντες οἱ ἀρχιερεῖς καὶ οἱ Φαρισαῖοι τὰς παραβολὰς

αὐτοῦ ἔγνωσαν ὅτι περὶ αὐτῶν λέγει·

And when the chief priests and Pharisees heard his parables, they
knew that he was speaking about them.

39. Matthew 22:29 ✳ πλανάω, γραφή, μηδέ, δύναμις

ἀποκριθεὶς δὲ ὁ Ἰησοῦς εἶπεν αὐτοῖς, Πλανᾶσθε μὴ εἰδότες τὰς

γραφὰς μηδὲ τὴν δύναμιν τοῦ θεοῦ·

And answering, Jesus said to them, "You are deceived because you do not know the Scriptures or the power of God."

40. Matthew 23:21 ✳ ὀμνύω

καὶ ὁ ὀμόσας ἐν τῷ ναῷ ὀμνύει ἐν αὐτῷ καὶ ἐν τῷ κατοικοῦντι

αὐτόν.

And the one who swears by the temple swears by it and by the one who inhabits it.

41. Matthew 24:30 ✳ φαίνω, φυλή

καὶ τότε φανήσεται τὸ σημεῖον τοῦ υἱοῦ τοῦ ἀνθρώπου ἐν οὐρανῷ,

καὶ τότε κόψονται[3] πᾶσαι αἱ φυλαὶ τῆς γῆς καὶ ὄψονται τὸν υἱὸν

τοῦ ἀνθρώπου ἐρχόμενον ἐπὶ τῶν νεφελῶν τοῦ οὐρανοῦ μετὰ

δυνάμεως καὶ δόξης πολλῆς·

And then the sign of the Son of Man will appear in heaven, and then all the tribes of the earth will mourn, and they will see the Son of Man coming on the clouds of heaven with power and great glory.

---

3. κόπτω, to smite, mourn, "[they] will mourn."

42. Matthew 26:39 ✳ δυνατός, παρέρχομαι, ποτήριον

καὶ προελθὼν[4] μικρὸν ἔπεσεν ἐπὶ πρόσωπον αὐτοῦ προσευχόμενος

καὶ λέγων, Πάτερ μου, εἰ δυνατόν ἐστιν, παρελθάτω ἀπ' ἐμοῦ τὸ

ποτήριον τοῦτο· πλὴν οὐχ ὡς ἐγὼ θέλω ἀλλ' ὡς σύ.

And going a little farther, he fell on his face, praying and saying,
"My Father, if it is possible, let this cup pass from me.
Nevertheless, not as I will, but as you (will)."

43. Matthew 26:64 ✳ πλήν, ἄρτι, δεξιός, νεφέλη

λέγει αὐτῷ ὁ Ἰησοῦς, Σὺ εἶπας· πλὴν λέγω ὑμῖν, ἀπ' ἄρτι ὄψεσθε

τὸν υἱὸν τοῦ ἀνθρώπου καθήμενον ἐκ δεξιῶν τῆς δυνάμεως καὶ

ἐρχόμενον ἐπὶ τῶν νεφελῶν τοῦ οὐρανοῦ.

Jesus said to him, "You said (it). But I say to you, from now on you
will see the Son of Man sitting at the right hand of the Power and
coming on the clouds of heaven."

44. Matthew 27:20 ✳ πρεσβύτερος, πείθω, ἵνα

Οἱ δὲ ἀρχιερεῖς καὶ οἱ πρεσβύτεροι ἔπεισαν τοὺς ὄχλους ἵνα

αἰτήσωνται τὸν Βαραββᾶν, τὸν δὲ Ἰησοῦν ἀπολέσωσιν.

And the chief priests and the elders persuaded the crowds to ask
for Barabbas and to destroy Jesus.

---

4. προέρχομαι, to go forward, "going further."

45. Matthew 27:42 ✳ ἄλλος, σῴζω, νῦν, σταυρός

Ἄλλους ἔσωσεν, ἑαυτὸν οὐ δύναται σῶσαι· βασιλεὺς Ἰσραήλ ἐστιν,

καταβάτω νῦν ἀπὸ τοῦ σταυροῦ καὶ πιστεύσομεν ἐπ᾽ αὐτόν.

He saved others, (but) he is not able to save himself. He is the
king of Israel. Let him come down now from the cross, and we
will believe in him.

46. Matthew 27:50 ✳ πάλιν, κράζω, φωνή

ὁ δὲ Ἰησοῦς πάλιν κράξας φωνῇ μεγάλῃ ἀφῆκεν τὸ πνεῦμα.

And when Jesus again cried out in a loud voice, he gave up
his spirit.

47. Matthew 27:58 ✳ σῶμα, ἀποδίδωμι

οὗτος προσελθὼν τῷ Πιλάτῳ ᾐτήσατο τὸ σῶμα τοῦ Ἰησοῦ. τότε ὁ

Πιλᾶτος ἐκέλευσεν ἀποδοθῆναι.

When he went to Pilate, he requested the body of Jesus. Then
Pilate ordered (it) to be given.

48. Matthew 28:5 ✳ ἄγγελος, γυνή, σταυρόω, ζητέω

ἀποκριθεὶς δὲ ὁ ἄγγελος εἶπεν ταῖς γυναιξίν, Μὴ φοβεῖσθε ὑμεῖς,

οἶδα γὰρ ὅτι Ἰησοῦν τὸν ἐσταυρωμένον ζητεῖτε·

And answering, the angel said to the women, "Do not be afraid, for I know that you are seeking Jesus who was crucified."

49. Mark 1:1 ✳ ἀρχή, εὐαγγέλιον

Ἀρχὴ τοῦ εὐαγγελίου Ἰησοῦ Χριστοῦ [υἱοῦ θεοῦ].

The beginning of the gospel of Jesus Christ, [the Son of God].

50. Mark 1:33 ✳ ὅλος, θύρα

καὶ ἦν ὅλη ἡ πόλις ἐπισυνηγμένη⁵ πρὸς τὴν θύραν.

And the whole town had gathered by the door.

51. Mark 4:12 ✳ συνίημι, μήποτε, ἀφίημι

ἵνα βλέποντες βλέπωσιν καὶ μὴ ἴδωσιν, καὶ ἀκούοντες ἀκούωσιν

καὶ μὴ συνιῶσιν, μήποτε ἐπιστρέψωσιν καὶ ἀφεθῇ αὐτοῖς.

In order that, seeing, they might see but not perceive, and hearing, they might hear but not understand, lest they turn and it be forgiven them.

---

5. ἐπισυνάγω, to gather together, "had gathered" (periphrastic with ἦν).

52. Mark 4:15 ✳ ὅπου, σπείρω, εὐθύς, αἴρω

οὗτοι δέ εἰσιν οἱ παρὰ τὴν ὁδόν· ὅπου σπείρεται ὁ λόγος καὶ ὅταν

ἀκούσωσιν, εὐθὺς ἔρχεται ὁ Σατανᾶς καὶ αἴρει τὸν λόγον τὸν

ἐσπαρμένον εἰς αὐτούς.

And these are the ones beside the road; where the word is sown
and when they hear, immediately Satan comes and takes away the
word that was sown in them.

53. Mark 5:30 ✳ ἐπιστρέφω, ἅπτω, ἱμάτιον

καὶ εὐθὺς ὁ Ἰησοῦς ἐπιγνοὺς ἐν ἑαυτῷ τὴν ἐξ αὐτοῦ δύναμιν

ἐξελθοῦσαν ἐπιστραφεὶς ἐν τῷ ὄχλῳ ἔλεγεν, Τίς μου ἥψατο τῶν

ἱματίων;

And immediately Jesus, perceiving in himself that power had gone
out from him, turning around in the crowd, he said, "Who
touched my clothes?"

54. Mark 6:17 ✳ κρατέω, δέω, φυλακή, γαμέω

Αὐτὸς γὰρ ὁ Ἡρῴδης ἀποστείλας ἐκράτησεν τὸν Ἰωάννην καὶ

ἔδησεν αὐτὸν ἐν φυλακῇ διὰ Ἡρῳδιάδα τὴν γυναῖκα Φιλίππου τοῦ

ἀδελφοῦ αὐτοῦ, ὅτι αὐτὴν ἐγάμησεν·

For Herod himself sent and seized John and bound him in prison
on account of Herodias, the wife of Philip his brother, because he
married her.

55. Mark 6:30 ✳ συνάγω, διδάσκω

Καὶ συνάγονται οἱ ἀπόστολοι πρὸς τὸν Ἰησοῦν καὶ ἀπήγγειλαν

αὐτῷ πάντα ὅσα ἐποίησαν καὶ ὅσα ἐδίδαξαν.

And the apostles gathered to Jesus and told him everything that they did and everything that they taught.

56. Mark 8:5 ✳ πόσος, ἑπτά

καὶ ἠρώτα αὐτούς, Πόσους ἔχετε ἄρτους; οἱ δὲ εἶπαν, Ἑπτά.

And he was asking them, "How many loaves do you have?" And they said, "Seven."

57. Mark 8:24 ✳ ἀναβλέπω, δένδρον

καὶ ἀναβλέψας ἔλεγεν, Βλέπω τοὺς ἀνθρώπους ὅτι ὡς δένδρα ὁρῶ

περιπατοῦντας.

And after receiving his sight he said, "I see people that look like trees walking."

58. Mark 8:33 ✳ ἐπιτιμάω, ὑπάγω, ὀπίσω, φρονέω

ὁ δὲ ἐπιστραφεὶς καὶ ἰδὼν τοὺς μαθητὰς αὐτοῦ ἐπετίμησεν Πέτρῳ

καὶ λέγει, Ὕπαγε ὀπίσω μου, Σατανᾶ, ὅτι οὐ φρονεῖς τὰ τοῦ θεοῦ

ἀλλὰ τὰ τῶν ἀνθρώπων.

And turning and seeing his disciples, he rebuked Peter and said, "Get behind me, Satan. For you are not thinking about the things of God, but the things of man."

59. Mark 10:2 ✳ ἀπολύω, πειράζω

καὶ προσελθόντες Φαρισαῖοι ἐπηρώτων αὐτὸν εἰ ἔξεστιν ἀνδρὶ

γυναῖκα ἀπολῦσαι, πειράζοντες αὐτόν.

And when Pharisees approached, they asked him whether it is lawful for a husband to divorce a wife, testing him.

60. Mark 10:29 ✳ φημί, οἰκία, ἀδελφή, ἀγρός

ἔφη ὁ Ἰησοῦς, Ἀμὴν λέγω ὑμῖν, οὐδείς ἐστιν ὃς ἀφῆκεν οἰκίαν ἢ

ἀδελφοὺς ἢ ἀδελφὰς ἢ μητέρα ἢ πατέρα ἢ τέκνα ἢ ἀγροὺς ἕνεκεν[6]

ἐμοῦ καὶ ἕνεκεν τοῦ εὐαγγελίου . . .

Jesus said, "Truly I say to you, there is no one who leaves a house or brothers or sisters or mothers or fathers or children or fields on account of me and on account of the gospel . . ."

---

6. ἕνεκα, "on account of" (2x).

61. Mark 15:5 ✳ οὐκέτι, ὥστε, θαυμάζω

ὁ δὲ Ἰησοῦς οὐκέτι οὐδὲν ἀπεκρίθη, ὥστε θαυμάζειν τὸν Πιλᾶτον.

But Jesus no longer answered anything, so that Pilate was amazed.

62. Mark 15:35 ✳ παρίστημι, ἴδε

καί τινες τῶν παρεστηκότων ἀκούσαντες ἔλεγον, "Ἴδε Ἠλίαν

φωνεῖ.

And when some of those standing by heard, they said, "See, he is calling Elijah."

63. Mark 15:47 ✳ θεωρέω, ποῦ, τίθημι

ἡ δὲ Μαρία ἡ Μαγδαληνὴ καὶ Μαρία ἡ Ἰωσῆτος ἐθεώρουν ποῦ

τέθειται.

And Mary Magdalene and Mary the (mother of) Joses were looking where he was placed.

64. Luke 1:19 ❋ ἐνώπιον, εὐαγγελίζω

καὶ ἀποκριθεὶς ὁ ἄγγελος εἶπεν αὐτῷ, Ἐγώ εἰμι Γαβριὴλ ὁ

παρεστηκὼς ἐνώπιον τοῦ θεοῦ καὶ ἀπεστάλην λαλῆσαι πρὸς σὲ καὶ

εὐαγγελίσασθαί σοι ταῦτα·

And answering, the angel said to him, "I am Gabriel, the one who
stands before God, and I was sent to speak to you and to
announce to you these good things."

65. Luke 1:30 ❋ φοβέω, εὑρίσκω, χάρις

καὶ εἶπεν ὁ ἄγγελος αὐτῇ, Μὴ φοβοῦ, Μαριάμ, εὗρες γὰρ χάριν

παρὰ τῷ θεῷ.

And the angel said to her, "Fear not, Mary, for you have found
favor with God."

66. Luke 1:50 ❋ γενεά

καὶ τὸ ἔλεος αὐτοῦ εἰς γενεὰς καὶ γενεὰς τοῖς φοβουμένοις αὐτόν.

And his mercy is unto generations and generations for those who
fear him.

67. Luke 1:55 ✳ σπέρμα, αἰών

καθὼς ἐλάλησεν πρὸς τοὺς πατέρας ἡμῶν, τῷ Ἀβραὰμ καὶ τῷ

σπέρματι αὐτοῦ εἰς τὸν αἰῶνα.

. . . just as he spoke to our fathers, to Abraham and to his
offspring forever.

68. Luke 3:21 ✳ ἄπας, λαός, προσεύχομαι, ἀνοίγω

Ἐγένετο δὲ ἐν τῷ βαπτισθῆναι ἅπαντα τὸν λαὸν καὶ Ἰησοῦ

βαπτισθέντος καὶ προσευχομένου ἀνεῳχθῆναι τὸν οὐρανόν.

And it was when all the people were baptized, and when Jesus was
baptized and praying, heaven was opened.

69. Luke 4:4 ✳ ἄρτος, μόνος, ζάω

καὶ ἀπεκρίθη πρὸς αὐτὸν ὁ Ἰησοῦς, Γέγραπται ὅτι Οὐκ ἐπ' ἄρτῳ

μόνῳ ζήσεται ὁ ἄνθρωπος.

And Jesus answered him, "It is written that 'Man does not live by
bread alone.'"

70. Luke 4:22 ✳ μαρτυρέω, ἐκπορεύομαι, στόμα, οὐχί

Καὶ πάντες ἐμαρτύρουν αὐτῷ καὶ ἐθαύμαζον ἐπὶ τοῖς λόγοις τῆς

χάριτος τοῖς ἐκπορευομένοις ἐκ τοῦ στόματος αὐτοῦ καὶ ἔλεγον,

Οὐχὶ υἱός ἐστιν Ἰωσὴφ οὗτος;

And all were speaking well of him, and they were amazed by the
gracious words coming out of his mouth, and they were saying, "Is
this not the son of Joseph?"

71. Luke 7:18 ✳ προσκαλέω, δύο, μαθητής

Καὶ ἀπήγγειλαν Ἰωάννῃ οἱ μαθηταὶ αὐτοῦ περὶ πάντων τούτων.

καὶ προσκαλεσάμενος δύο τινὰς τῶν μαθητῶν αὐτοῦ ὁ Ἰωάννης . . .

And his disciples told John about all these things. And John,
summoning a certain two of his disciples . . .

72. Luke 7:33 ✳ μήτε, πίνω, οἶνος

ἐλήλυθεν γὰρ Ἰωάννης ὁ βαπτιστὴς[7] μὴ ἐσθίων ἄρτον μήτε πίνων

οἶνον, καὶ λέγετε, Δαιμόνιον ἔχει.

For John the Baptist has come, not eating bread nor drinking
wine, and you say, "He has a demon."

---

7. βαπτιστής, "Baptist."

73. Luke 8:41 ✳ ὑπάρχω, πίπτω, πούς, οἶκος

καὶ ἰδοὺ ἦλθεν ἀνὴρ ᾧ ὄνομα Ἰάϊρος καὶ οὗτος ἄρχων τῆς

συναγωγῆς ὑπῆρχεν, καὶ πεσὼν παρὰ τοὺς πόδας [τοῦ] Ἰησοῦ

παρεκάλει αὐτὸν εἰσελθεῖν εἰς τὸν οἶκον αὐτοῦ.

And behold, a man named Jairus came, and he was a ruler of the synagogue. And falling at the feet of Jesus, he begged him to come to his house.

74. Luke 9:52 ✳ πρό, πρόσωπον, κώμη, ὡς, ἑτοιμάζω

καὶ ἀπέστειλεν ἀγγέλους πρὸ προσώπου αὐτοῦ. καὶ πορευθέντες

εἰσῆλθον εἰς κώμην Σαμαριτῶν ὡς ἑτοιμάσαι αὐτῷ·

And he sent messengers ahead of him. And after they went, they entered into a Samaritan village as to prepare (it) for him.

75. Luke 10:37 ✳ ἔλεος, ὁμοίως

ὁ δὲ εἶπεν, Ὁ ποιήσας τὸ ἔλεος μετ' αὐτοῦ. εἶπεν δὲ αὐτῷ ὁ

Ἰησοῦς, Πορεύου καὶ σὺ ποίει ὁμοίως.

And he said, "The one who showed mercy to him." And Jesus said to him, "Go and you do likewise."

76. Luke 11:47 ✳ οὐαί, οἰκοδομέω

οὐαὶ ὑμῖν, ὅτι οἰκοδομεῖτε τὰ μνημεῖα τῶν προφητῶν, οἱ δὲ

πατέρες ὑμῶν ἀπέκτειναν αὐτούς.

Woe to you, because you build the tombs of the prophets, but
your fathers killed them.

77. Luke 13:35 ✳ ἥκω, εὐλογέω

ἰδοὺ ἀφίεται ὑμῖν ὁ οἶκος ὑμῶν. λέγω [δὲ] ὑμῖν, οὐ μὴ ἴδητέ με

ἕως [ἥξει ὅτε] εἴπητε, Εὐλογημένος ὁ ἐρχόμενος ἐν ὀνόματι

κυρίου.

Look, your house is forsaken by you. [And] I say to you, you will
not see me until [it will come when] you say, "Blessed is the one
who comes in the name of the Lord."

78. Luke 17:11 ✳ διέρχομαι, μέσος

Καὶ ἐγένετο ἐν τῷ πορεύεσθαι εἰς Ἰερουσαλὴμ καὶ αὐτὸς διήρχετο

διὰ μέσον Σαμαρείας καὶ Γαλιλαίας.

(And it was) while traveling to Jerusalem that he passed through
Samaria and Galilee.

79. Luke 17:17 ✳ δέκα, καθαρίζω

ἀποκριθεὶς δὲ ὁ Ἰησοῦς εἶπεν, Οὐχὶ οἱ δέκα ἐκαθαρίσθησαν; οἱ δὲ

ἐννέα[8] ποῦ;

And answering, Jesus said, "Were not ten cleansed? But where are
the nine?"

80. Luke 21:8 ✳ καιρός

ὁ δὲ εἶπεν, Βλέπετε μὴ πλανηθῆτε· πολλοὶ γὰρ ἐλεύσονται ἐπὶ τῷ

ὀνόματί μου λέγοντες· Ἐγώ εἰμι, καί, Ὁ καιρὸς ἤγγικεν. μὴ

πορευθῆτε ὀπίσω αὐτῶν.

And he said, "Watch that you are not deceived. For many will
come in my name saying, 'I am he' and 'The time is near.' Do not
go after them."

---

8. ἐννέα, "nine."

81. Luke 23:8 ✳ ἱκανός, ἐλπίζω

ὁ δὲ Ἡρῴδης ἰδὼν τὸν Ἰησοῦν ἐχάρη λίαν,[9] ἦν γὰρ ἐξ ἱκανῶν

χρόνων θέλων ἰδεῖν αὐτὸν διὰ τὸ ἀκούειν περὶ αὐτοῦ καὶ ἤλπιζέν τι

σημεῖον ἰδεῖν ὑπ' αὐτοῦ γινόμενον.

And when Herod saw Jesus, he was exceedingly glad, for he had
desired to see him for a long time because he had heard about
him, and he was hoping to see some sign performed by him.

82. Luke 24:10 ✳ λοιπός, σύν

ἦσαν δὲ ἡ Μαγδαληνὴ Μαρία καὶ Ἰωάννα καὶ Μαρία ἡ Ἰακώβου

καὶ αἱ λοιπαὶ σὺν αὐταῖς. ἔλεγον πρὸς τοὺς ἀποστόλους ταῦτα.

And there was Mary Magdalene and Joanna and Mary the (mother
of) James and the rest (of the women) with them. They were
telling these things to the apostles.

83. Luke 24:52 ✳ ὑποστρέφω, χαρά

καὶ αὐτοὶ προσκυνήσαντες αὐτὸν ὑπέστρεψαν εἰς Ἰερουσαλὴμ

μετὰ χαρᾶς μεγάλης.

And after worshiping him, they returned to Jerusalem with great
joy.

---

9. λίαν, very much, exceedingly, "exceedingly."

84. John 1:19 ✳ μαρτυρία, ὅτε, ἱερεύς

Καὶ αὕτη ἐστὶν ἡ μαρτυρία τοῦ Ἰωάννου, ὅτε ἀπέστειλαν [πρὸς

αὐτὸν] οἱ Ἰουδαῖοι ἐξ Ἱεροσολύμων ἱερεῖς καὶ Λευίτας ἵνα

ἐρωτήσωσιν αὐτόν, Σὺ τίς εἶ;

And this is the testimony of John, when the Jews from Jerusalem
sent [to him] priests and Levites in order that they might ask him,
"Who are you?"

85. John 2:13 ✳ ἐγγύς, πάσχα, ἀναβαίνω

Καὶ ἐγγὺς ἦν τὸ πάσχα τῶν Ἰουδαίων, καὶ ἀνέβη εἰς Ἱεροσόλυμα ὁ

Ἰησοῦς.

And the Passover of the Jews was near, and Jesus went up to
Jerusalem.

86. John 2:19 ✳ λύω, ναός, τρεῖς

ἀπεκρίθη Ἰησοῦς καὶ εἶπεν αὐτοῖς, Λύσατε τὸν ναὸν τοῦτον καὶ ἐν

τρισὶν ἡμέραις ἐγερῶ αὐτόν.

Jesus answered and said to them, "Destroy this temple and in
three days I will raise it up."

87. John 3:19 ❊ κρίσις, πονηρός

αὕτη δέ ἐστιν ἡ κρίσις ὅτι τὸ φῶς ἐλήλυθεν εἰς τὸν κόσμον καὶ

ἠγάπησαν οἱ ἄνθρωποι μᾶλλον τὸ σκότος ἢ τὸ φῶς· ἦν γὰρ αὐτῶν

πονηρὰ τὰ ἔργα.

And this is the judgment, that the light has come into the world, and the people loved darkness more than the light, for their deeds were evil.

88. John 4:21 ❊ οὔτε, ὄρος

λέγει αὐτῇ ὁ Ἰησοῦς, Πίστευέ μοι, γύναι, ὅτι ἔρχεται ὥρα ὅτε οὔτε

ἐν τῷ ὄρει τούτῳ οὔτε ἐν Ἱεροσολύμοις προσκυνήσετε τῷ πατρί.

Jesus said to her, "Believe me, woman, because the hour is coming when neither on this mountain nor in Jerusalem will you worship the Father."

89. John 4:47 ❊ ἰάομαι, ἀποθνήσκω

οὗτος ἀκούσας ὅτι Ἰησοῦς ἥκει ἐκ τῆς Ἰουδαίας εἰς τὴν Γαλιλαίαν

ἀπῆλθεν πρὸς αὐτὸν καὶ ἠρώτα ἵνα καταβῇ καὶ ἰάσηται αὐτοῦ τὸν

υἱόν, ἤμελλεν γὰρ ἀποθνήσκειν.

When this man heard that Jesus had come from Judea to Galilee, he went to him and asked that he might come down and heal his son, for he was about to die.

90. John 6:68 ✳ ζωή, αἰώνιος

ἀπεκρίθη αὐτῷ Σίμων Πέτρος, Κύριε, πρὸς τίνα ἀπελευσόμεθα;

ῥήματα ζωῆς αἰωνίου ἔχεις.

Simon Peter answered him, "Lord, to whom shall we go? You have the words of life."

91. John 7:16 ✳ ἐμός, διδαχή, πέμπω

ἀπεκρίθη οὖν αὐτοῖς [ὁ] Ἰησοῦς καὶ εἶπεν, Ἡ ἐμὴ διδαχὴ οὐκ ἔστιν

ἐμὴ ἀλλὰ τοῦ πέμψαντός με·

Then Jesus answered them and said, "My teaching is not mine, but from the one who sent me."

92. John 7:28 ✳ ἱερόν, πόθεν, ἐμαυτοῦ, ἀληθινός

ἔκραξεν οὖν ἐν τῷ ἱερῷ διδάσκων ὁ Ἰησοῦς καὶ λέγων, Κἀμὲ

οἴδατε καὶ οἴδατε πόθεν εἰμί· καὶ ἀπ' ἐμαυτοῦ οὐκ ἐλήλυθα, ἀλλ'

ἔστιν ἀληθινὸς ὁ πέμψας με, ὃν ὑμεῖς οὐκ οἴδατε·

Then Jesus cried out in the temple while teaching and saying, "You also know me and you know where I am from. I have not come from myself, but the one who sent me is true, whom you do not know."

93. John 7:33 ✳ χρόνος, μικρός

εἶπεν οὖν ὁ Ἰησοῦς, "Ἔτι χρόνον μικρὸν μεθ᾽ ὑμῶν εἰμι καὶ ὑπάγω

πρὸς τὸν πέμψαντά με.

Therefore Jesus said, "Still a little longer I am with you, and (then)
I am departing to the one who sent me."

94. John 8:13 ✳ σεαυτοῦ, ἀληθής

εἶπον οὖν αὐτῷ οἱ Φαρισαῖοι, Σὺ περὶ σεαυτοῦ μαρτυρεῖς· ἡ

μαρτυρία σου οὐκ ἔστιν ἀληθής.

So the Pharisees said to him, "You are testifying about yourself.
Your testimony is not true."

95. John 9:13 ✳ ἄγω, ποτέ

Ἄγουσιν αὐτὸν πρὸς τοὺς Φαρισαίους τόν ποτε τυφλόν.

They led him to the Pharisees, the one previously blind.

96. John 9:16 ✳ τηρέω, πῶς, ἁμαρτωλός, τοιοῦτος

ἔλεγον οὖν ἐκ τῶν Φαρισαίων τινές, Οὐκ ἔστιν οὗτος παρὰ θεοῦ ὁ

ἄνθρωπος, ὅτι τὸ σάββατον οὐ τηρεῖ. ἄλλοι [δὲ] ἔλεγον, Πῶς

δύναται ἄνθρωπος ἁμαρτωλὸς τοιαῦτα σημεῖα ποιεῖν; καὶ σχίσμα[10]

ἦν ἐν αὐτοῖς.

Then some of the Pharisees were saying, "This man is not from
God because he does not keep the Sabbath." [But] others were
saying, "How is a sinful man able to do such signs?" And there
was division among them.

97. John 9:39 ✳ κρίμα, κόσμος

Καὶ εἶπεν ὁ Ἰησοῦς, Εἰς κρίμα ἐγὼ εἰς τὸν κόσμον τοῦτον ἦλθον,

ἵνα οἱ μὴ βλέποντες βλέπωσιν καὶ οἱ βλέποντες τυφλοὶ γένωνται.

And Jesus said, "For judgment I came into this world, in order that
those not seeing should see and those seeing should become
blind."

---

10. σχίσμα, tear, crack, division, "division."

98. John 10:32 ✳ καλός, δείκνυμι

ἀπεκρίθη αὐτοῖς ὁ Ἰησοῦς, Πολλὰ ἔργα καλὰ ἔδειξα ὑμῖν ἐκ τοῦ

πατρός· διὰ ποῖον αὐτῶν ἔργον ἐμὲ λιθάζετε;[11]

Jesus answered them, "I have shown you many good works from
the Father. For which work (of them) are you stoning me?"

99. John 11:17 ✳ τέσσαρες, μνημεῖον

Ἐλθὼν οὖν ὁ Ἰησοῦς εὗρεν αὐτὸν τέσσαρας ἤδη ἡμέρας ἔχοντα ἐν

τῷ μνημείῳ.

Then when Jesus came, he found him, having already been in the
tomb for four days.

100. John 11:54 ✳ παρρησία, ἐκεῖθεν, χώρα, μένω

Ὁ οὖν Ἰησοῦς οὐκέτι παρρησίᾳ περιεπάτει ἐν τοῖς Ἰουδαίοις, ἀλλὰ

ἀπῆλθεν ἐκεῖθεν εἰς τὴν χώραν ἐγγὺς τῆς ἐρήμου, εἰς Ἐφραὶμ

λεγομένην πόλιν, κἀκεῖ ἔμεινεν μετὰ τῶν μαθητῶν.

Therefore, Jesus no longer walked around openly among the Jews,
but he departed from there to the region near the wilderness, to a
town called Ephraim, and there he remained with the disciples.

---

11. λιθάζω, to stone (someone), "are you stoning."

101. John 12:26 ✳ διακονέω, ἐκεῖ

ἐὰν ἐμοί τις διακονῇ, ἐμοὶ ἀκολουθείτω, καὶ ὅπου εἰμὶ ἐγὼ ἐκεῖ καὶ

ὁ διάκονος ὁ ἐμὸς ἔσται· ἐάν τις ἐμοὶ διακονῇ τιμήσει[12] αὐτὸν ὁ

πατήρ.

If anyone serves me, let him follow me, and where I am there also will my servant be. If anyone serves me, the Father will honor him.

102. John 12:47 ✳ ῥῆμα, φυλάσσω

καὶ ἐάν τίς μου ἀκούσῃ τῶν ῥημάτων καὶ μὴ φυλάξῃ, ἐγὼ οὐ

κρίνω αὐτόν· οὐ γὰρ ἦλθον ἵνα κρίνω τὸν κόσμον, ἀλλ᾽ ἵνα σώσω

τὸν κόσμον.

And if anyone hears my words and does not keep (them), I do not judge him. For I did not come to judge the world, but to save the world.

---

12. τιμάω, to value, honor, revere, "will honor."

103. John 13:29 ✳ ἐπεί, ἀγοράζω, ἑορτή, πτωχός

τινὲς γὰρ ἐδόκουν, ἐπεὶ τὸ γλωσσόκομον[13] εἶχεν Ἰούδας, ὅτι λέγει

αὐτῷ [ὁ] Ἰησοῦς, Ἀγόρασον ὧν χρείαν ἔχομεν εἰς τὴν ἑορτήν, ἤ

τοῖς πτωχοῖς ἵνα τι δῷ.

For some were thinking, since Judas had the moneybag, that Jesus
said to him, "Buy what we need for the feast," or that he should
give something to the poor.

104. John 13:37 ✳ ἀκολουθέω, ψυχή, ὑπέρ

λέγει αὐτῷ ὁ Πέτρος, Κύριε, διὰ τί οὐ δύναμαί σοι ἀκολουθῆσαι

ἄρτι; τὴν ψυχήν μου ὑπὲρ σοῦ θήσω.

Peter said to him, "Lord, why am I not able to follow you now? I
will lay down my life for you."

105. John 15:8 ✳ δοξάζω, καρπός, φέρω

ἐν τούτῳ ἐδοξάσθη ὁ πατήρ μου, ἵνα καρπὸν πολὺν φέρητε καὶ

γένησθε ἐμοὶ μαθηταί.

My Father is honored by this, that you bear much fruit and (prove
to) be my disciples.

---

13. γλωσσόκομον, money-box, purse, "moneybag."

106. John 18:11 ✳ βάλλω, μάχαιρα

εἶπεν οὖν ὁ Ἰησοῦς τῷ Πέτρῳ, Βάλε τὴν μάχαιραν εἰς τὴν θήκην·[14]

τὸ ποτήριον ὃ δέδωκέν μοι ὁ πατὴρ οὐ μὴ πίω αὐτό;

So Jesus said to Peter, "Put your sword into the sheath! The cup which the Father has given to me, shall I not certainly drink it?"

107. John 21:15 ✳ φιλέω, ἀρνίον

Ὅτε οὖν ἠρίστησαν[15] λέγει τῷ Σίμωνι Πέτρῳ ὁ Ἰησοῦς, Σίμων

Ἰωάννου, ἀγαπᾷς με πλέον τούτων; λέγει αὐτῷ, Ναὶ κύριε, σὺ

οἶδας ὅτι φιλῶ σε. λέγει αὐτῷ, Βόσκε[16] τὰ ἀρνία μου.

Therefore, when they had eaten breakfast, Jesus said to Simon Peter, "Simon, (son) of John, do you love me more than these?" He said to him, "Yes, Lord, you know that I love you." He said to him, "Feed my lambs."

---

14. θήκη, grave, sheath, "sheath."
15. ἀριστάω, to eat breakfast, eat a meal, dine, "they had eaten breakfast."
16. βόσκω, to herd, tend, graze, feed, "feed."

108. John 21:17* ✳ τρίτος

λέγει αὐτῷ τὸ τρίτον, Σίμων Ἰωάννου, φιλεῖς με; ἐλυπήθη ὁ

Πέτρος ὅτι εἶπεν αὐτῷ τὸ τρίτον, Φιλεῖς με; καὶ λέγει αὐτῷ,

Κύριε, πάντα σὺ οἶδας, σὺ γινώσκεις ὅτι φιλῶ σε.

He said to him the third time, "Simon (son) of John, do you love me?" Peter was grieved because he said to him the third time, "Do you love me?" And he said to him, "Lord, you know all things; you know that I love you."

109. Acts 5:16 ✳ συνέρχομαι, πλῆθος, ἀσθενής, ὅστις, θεραπεύω

συνήρχετο δὲ καὶ τὸ πλῆθος τῶν πέριξ[17] πόλεων Ἰερουσαλὴμ

φέροντες ἀσθενεῖς καὶ ὀχλουμένους[18] ὑπὸ πνευμάτων ἀκαθάρτων,

οἵτινες ἐθεραπεύοντο ἅπαντες.

And the crowd from the towns around Jerusalem also came together, bringing the sick and those tormented by unclean spirits, all of whom were healed.

---

17. πέριξ, in the vicinity, "around."
18. ὀχλέω, to trouble, disturb, torment, "tormented."

110. Acts 7:18 ✳ ἄχρι, ἀνίστημι, βασιλεύς

ἄχρι οὗ ἀνέστη βασιλεὺς ἕτερος [ἐπ᾽ Αἴγυπτον] ὃς οὐκ ᾔδει τὸν

Ἰωσήφ.

. . . until another king arose [over Egypt] who did not know Joseph.

111. Acts 9:20 ✳ εὐθέως, συναγωγή

καὶ εὐθέως ἐν ταῖς συναγωγαῖς ἐκήρυσσεν τὸν Ἰησοῦν ὅτι οὗτός

ἐστιν ὁ υἱὸς τοῦ θεοῦ.

And immediately he proclaimed Jesus in the synagogues (saying), "This one is the Son of God."

112. Acts 9:41 ✳ χήρα, φωνέω, ἅγιος

δοὺς δὲ αὐτῇ χεῖρα ἀνέστησεν αὐτήν· φωνήσας δὲ τοὺς ἁγίους καὶ

τὰς χήρας παρέστησεν αὐτὴν ζῶσαν.

And giving her a hand, he raised her up. Then, calling to the saints and the widows, he presented her alive.

113. Acts 19:6 ✳ ἐπιτίθημι, γλῶσσα

καὶ ἐπιθέντος αὐτοῖς τοῦ Παύλου [τὰς] χεῖρας ἦλθε τὸ πνεῦμα τὸ

ἅγιον ἐπ' αὐτούς, ἐλάλουν τε γλώσσαις καὶ ἐπροφήτευον.

And when Paul had laid [his] hands on them, the Holy Spirit
came upon them, and they were speaking in tongues and
prophesying.

114. Acts 19:10 ✳ γίνομαι, ἔτος, ἀκούω

τοῦτο δὲ ἐγένετο ἐπὶ ἔτη δύο, ὥστε πάντας τοὺς κατοικοῦντας τὴν

Ἀσίαν ἀκοῦσαι τὸν λόγον τοῦ κυρίου, Ἰουδαίους τε καὶ Ἕλληνας.

And this went on for two years, so that all who were living in Asia
heard the word of the Lord, both Jews and Greeks.

115. Acts 24:21 ✳ ἀνάστασις, κρίνω, σήμερον

ἢ περὶ μιᾶς ταύτης φωνῆς ἧς ἐκέκραξα ἐν αὐτοῖς ἑστὼς ὅτι Περὶ

ἀναστάσεως νεκρῶν ἐγὼ κρίνομαι σήμερον ἐφ' ὑμῶν.

. . . other than for this one utterance that I cried out while
standing among them, "(It is) concerning the resurrection of the
dead I am on trial today before you."

116. Acts 25:10 ✳ ἵστημι, ἀδικέω, καλῶς

εἶπεν δὲ ὁ Παῦλος, Ἐπὶ τοῦ βήματος[19] Καίσαρος ἑστώς εἰμι, οὗ[20]

με δεῖ κρίνεσθαι. Ἰουδαίους οὐδὲν ἠδίκησα ὡς καὶ σὺ κάλλιον

ἐπιγινώσκεις.

But Paul said, "I am standing before the tribunal of Caesar, where
I ought to be tried. I have done no wrong to the Jews, as also you
very well know."

117. Romans 2:10 ✳ τιμή, εἰρήνη, Ἰουδαῖος, τέ

δόξα δὲ καὶ τιμὴ καὶ εἰρήνη παντὶ τῷ ἐργαζομένῳ τὸ ἀγαθόν,

Ἰουδαίῳ τε πρῶτον καὶ Ἕλληνι.

. . . but glory and honor and peace to everyone who does good,
both to the Jew first and (then) to the Greek.

---

19. βῆμα, a step, small place, platform, "tribunal."
20. οὗ, "where."

118. Romans 7:25 ✴ δουλεύω, ἁμαρτία, μέν

χάρις δὲ τῷ θεῷ διὰ Ἰησοῦ Χριστοῦ τοῦ κυρίου ἡμῶν. Ἄρα οὖν

αὐτὸς ἐγὼ τῷ μὲν νοῒ[21] δουλεύω νόμῳ θεοῦ τῇ δὲ σαρκὶ νόμῳ

ἁμαρτίας.

But thanks be to God through Jesus Christ our Lord! So then, I
myself serve the law of God with the mind, but with the flesh (I
serve) the law of sin.

119. Romans 10:10 ✴ σωτηρία

καρδίᾳ γὰρ πιστεύεται εἰς δικαιοσύνην, στόματι δὲ ὁμολογεῖται εἰς

σωτηρίαν.

For with the heart one believes unto righteousness, and with the
mouth one confesses unto salvation.

120. Romans 13:8 ✴ μηδείς, ὀφείλω, ἀλλήλων

Μηδενὶ μηδὲν ὀφείλετε εἰ μὴ τὸ ἀλλήλους ἀγαπᾶν· ὁ γὰρ ἀγαπῶν

τὸν ἕτερον νόμον πεπλήρωκεν.

Owe nothing to no one except to love one another, for the one
who loves another has fulfilled the law.

---

21. νοῦς, way of thinking, attitude, "mind."

121. Romans 13:14 ✳ ἐνδύω, ἐπιθυμία

ἀλλὰ ἐνδύσασθε τὸν κύριον Ἰησοῦν Χριστὸν καὶ τῆς σαρκὸς

πρόνοιαν[22] μὴ ποιεῖσθε εἰς ἐπιθυμίας.

But put on the Lord Jesus Christ and make no provision for the
flesh so as to gratify its passions.

122. 1 Corinthians 1:2 ✳ ἐκκλησία, ἁγιάζω, ἐπικαλέω, τόπος

τῇ ἐκκλησίᾳ τοῦ θεοῦ τῇ οὔσῃ ἐν Κορίνθῳ, ἡγιασμένοις ἐν Χριστῷ

Ἰησοῦ, κλητοῖς[23] ἁγίοις, σὺν πᾶσιν τοῖς ἐπικαλουμένοις τὸ ὄνομα

τοῦ κυρίου ἡμῶν Ἰησοῦ Χριστοῦ ἐν παντὶ τόπῳ, αὐτῶν καὶ ἡμῶν·

To the church of God that is in Corinth, to those sanctified in
Christ Jesus, to those called saints, with all who call upon the
name of our Lord Jesus Christ in every place, theirs and ours.

123. 1 Corinthians 2:5 ✳ πίστις, σοφία

ἵνα ἡ πίστις ὑμῶν μὴ ᾖ ἐν σοφίᾳ ἀνθρώπων ἀλλ' ἐν δυνάμει θεοῦ.

In order that your faith might not be in the wisdom of man but in
the power of God.

---

22. πρόνοια, a plan to meet a need, "provision."
23. κλητός, invited, "called."

124. 1 Corinthians 7:2 ✳ πορνεία, ἕκαστος

διὰ δὲ τὰς πορνείας ἕκαστος τὴν ἑαυτοῦ γυναῖκα ἐχέτω καὶ

ἑκάστη τὸν ἴδιον ἄνδρα ἐχέτω.

But because of sexual immorality, each man should have his own
wife and each woman her own husband.

125. 1 Corinthians 8:11 ✳ ἀσθενέω, σός, Χριστός

ἀπόλλυται γὰρ ὁ ἀσθενῶν ἐν τῇ σῇ γνώσει, ὁ ἀδελφὸς δι' ὃν

Χριστὸς ἀπέθανεν.

For the one who is weak is destroyed by your knowledge, the
brother for whom Christ died.

126. 1 Corinthians 10:31 ✳ εἴτε

εἴτε οὖν ἐσθίετε εἴτε πίνετε εἴτε τι ποιεῖτε, πάντα εἰς δόξαν θεοῦ

ποιεῖτε.

So whether you eat or drink or whatever you do, do everything for
the glory of God.

127. 1 Corinthians 12:21 ✳ ὀφθαλμός, χείρ, κεφαλή

οὐ δύναται δὲ ὁ ὀφθαλμὸς εἰπεῖν τῇ χειρί, Χρείαν σου οὐκ ἔχω, ἢ

πάλιν ἡ κεφαλὴ τοῖς ποσίν, Χρείαν ὑμῶν οὐκ ἔχω·

And the eye cannot say to the hand, "I do not need you," or again the head to the foot, "I do not need you."

128. 1 Corinthians 12:27 ✳ μέλος, ἐκ

Ὑμεῖς δέ ἐστε σῶμα Χριστοῦ καὶ μέλη ἐκ μέρους.

But you are the body of Christ and members of the part.

129. 1 Corinthians 14:37 ✳ πνευματικός

Εἴ τις δοκεῖ προφήτης εἶναι ἢ πνευματικός, ἐπιγινωσκέτω ἃ

γράφω ὑμῖν ὅτι κυρίου ἐστὶν ἐντολή·

If anyone thinks he is a prophet or spiritual, let him recognize that what I am writing to you is the Lord's commandment.

130. 1 Corinthians 15:26 ✳ ἔσχατος, ἐχθρός, καταργέω, θάνατος

ἔσχατος ἐχθρὸς καταργεῖται ὁ θάνατος·

The last enemy to be destroyed is death.

131. 2 Corinthians 1:4 ✳ παρακαλέω, θλῖψις

ὁ παρακαλῶν ἡμᾶς ἐπὶ πάσῃ τῇ θλίψει ἡμῶν εἰς τὸ δύνασθαι ἡμᾶς

παρακαλεῖν τοὺς ἐν πάσῃ θλίψει διὰ τῆς παρακλήσεως ἧς

παρακαλούμεθα αὐτοὶ ὑπὸ τοῦ θεοῦ.

. . . who comforts us in all our trouble, so that we are able to
comfort those with every (kind of) trouble, with the comfort with
which we ourselves are comforted by God.

132. 2 Corinthians 1:13 ✳ ἀναγινώσκω, τέλος

οὐ γὰρ ἄλλα γράφομεν ὑμῖν ἀλλ' ἢ ἃ ἀναγινώσκετε ἢ καὶ

ἐπιγινώσκετε· ἐλπίζω δὲ ὅτι ἕως τέλους ἐπιγνώσεσθε.

For we are not writing to you other things except those which you
have read and also understand, and I hope that you will
understand to the end (i.e., fully, completely).

133. 2 Corinthians 1:15 ✳ βούλομαι, δεύτερος

Καὶ ταύτῃ τῇ πεποιθήσει[24] ἐβουλόμην πρότερον[25] πρὸς ὑμᾶς

ἐλθεῖν, ἵνα δευτέραν χάριν σχῆτε.

And with this confidence, I desired to come to you first, in order
that you might have a second gift.

---

24. πεποίθησις, trust, "confidence."
25. πρότερος, earlier, former(ly), "first."

134. 2 Corinthians 2:2 ✱ εἰ, λυπέω

εἰ γὰρ ἐγὼ λυπῶ ὑμᾶς, καὶ τίς ὁ εὐφραίνων[26] με εἰ μὴ ὁ

λυπούμενος ἐξ ἐμοῦ;

For if I grieve you, then who will make me glad except the one being grieved by me?

135. 2 Corinthians 4:1 ✱ διακονία, ἐλεέω

Διὰ τοῦτο, ἔχοντες τὴν διακονίαν ταύτην καθὼς ἠλεήθημεν, οὐκ

ἐγκακοῦμεν.[27]

Therefore, having this ministry, since we have been shown mercy, we are not discouraged.

---

26. εὐφραίνω, to gladden, cheer, be glad, "make glad."
27. ἐγκακέω, lose enthusiasm, be discouraged, "we are discouraged."

136. 2 Corinthians 4:6 ✳ φῶς, καρδία, γνῶσις

ὅτι ὁ θεὸς ὁ εἰπών, Ἐκ σκότους φῶς λάμψει,[28] ὃς ἔλαμψεν[29] ἐν ταῖς

καρδίαις ἡμῶν πρὸς φωτισμὸν[30] τῆς γνώσεως τῆς δόξης τοῦ θεοῦ ἐν

προσώπῳ ['Ιησοῦ] Χριστοῦ.

For the God who said, "Out of darkness light will shine," (he is
the one) who shined in our hearts the light of the knowledge of
the glory of God in the face of [Jesus] Christ.

137. Galatians 2:16 ✳ δικαιόω, ἔργον

εἰδότες [δὲ] ὅτι οὐ δικαιοῦται ἄνθρωπος ἐξ ἔργων νόμου ἐὰν μὴ διὰ

πίστεως Ἰησοῦ Χριστοῦ, καὶ ἡμεῖς εἰς Χριστὸν Ἰησοῦν

ἐπιστεύσαμεν, ἵνα δικαιωθῶμεν ἐκ πίστεως Χριστοῦ καὶ οὐκ ἐξ

ἔργων νόμου, ὅτι ἐξ ἔργων νόμου οὐ δικαιωθήσεται πᾶσα σάρξ.

... [but] knowing that a person is not justified by works of the
law but through faith in Jesus Christ, and we believed in Christ
Jesus in order that we might be justified by faith in Christ and not
by works of the law, because by works of the law no flesh will be
justified.

---

28. λάμπω, to shine, "will shine."
29. λάμπω, to shine, "shined."
30. φωτισμός, "light."

138. Galatians 3:16 ✻ ἐπαγγελία, λέγω

τῷ δὲ Ἀβραὰμ ἐρρέθησαν αἱ ἐπαγγελίαι καὶ τῷ σπέρματι αὐτοῦ.

οὐ λέγει, Καὶ τοῖς σπέρμασιν, ὡς ἐπὶ πολλῶν ἀλλ᾿ ὡς ἐφ᾿ ἑνός, Καὶ

τῷ σπέρματί σου, ὅς ἐστιν Χριστός.

Now the promises were spoken to Abraham and to his seed. It does not say, "And to seeds," as to many but as to one, "And to your seed," who is Christ.

139. Ephesians 2:4 ✻ πλούσιος, ἀγάπη

ὁ δὲ θεὸς πλούσιος ὢν ἐν ἐλέει, διὰ τὴν πολλὴν ἀγάπην αὐτοῦ ἣν

ἠγάπησεν ἡμᾶς . . .

But God, being rich in mercy, because of his great love with which he loved us . . .

140. Ephesians 4:21 ✻ γέ, ἀλήθεια

εἴ γε αὐτὸν ἠκούσατε καὶ ἐν αὐτῷ ἐδιδάχθητε, καθώς ἐστιν

ἀλήθεια ἐν τῷ Ἰησοῦ.

. . . if indeed you heard him and were taught by him, just as the truth is in Jesus.

141. Ephesians 5:21 ✳ ὑποτάσσω, φόβος

ὑποτασσόμενοι ἀλλήλοις ἐν φόβῳ Χριστοῦ.

. . . submitting to one another out of reverence for Christ.

142. Ephesians 6:21 ✳ κατά, πράσσω, γνωρίζω, ἀγαπητός, διάκονος

Ἵνα δὲ εἰδῆτε καὶ ὑμεῖς τὰ κατ᾽ ἐμέ, τί πράσσω, πάντα γνωρίσει

ὑμῖν Τύχικος ὁ ἀγαπητὸς ἀδελφὸς καὶ πιστὸς διάκονος ἐν κυρίῳ.

So that you might also know the things about me (and) what I am
doing, Tychicus, the beloved brother and faithful servant in the
Lord, will make known all things to you.

143. Philippians 3:3 ✳ περιτομή, καυχάομαι

ἡμεῖς γάρ ἐσμεν ἡ περιτομή, οἱ πνεύματι θεοῦ λατρεύοντες[31] καὶ

καυχώμενοι ἐν Χριστῷ Ἰησοῦ καὶ οὐκ ἐν σαρκὶ πεποιθότες.

For we are the circumcision, those worshiping by the Spirit of God
and boasting in Christ Jesus and not putting confidence in the
flesh.

---

31. λατρεύω, to serve, worship, "the ones who worship."

144. 1 Thessalonians 5:5 ✳ νύξ, σκότος

πάντες γὰρ ὑμεῖς υἱοὶ φωτός ἐστε καὶ υἱοὶ ἡμέρας. Οὐκ ἐσμὲν

νυκτὸς οὐδὲ σκότους·

For you are all children of light and children of the day. We are not of the night nor of the darkness.

145. 1 Thessalonians 5:16 ✳ πάντοτε, χαίρω

Πάντοτε χαίρετε.

Always rejoice!

146. 1 Thessalonians 5:18 ✳ εὐχαριστέω, θέλημα

ἐν παντὶ εὐχαριστεῖτε· τοῦτο γὰρ θέλημα θεοῦ ἐν Χριστῷ Ἰησοῦ

εἰς ὑμᾶς.

In everything give thanks, for this is the will of God in Christ Jesus for you.

147. 2 Thessalonians 2:16 ✳ ἀγαπάω, παράκλησις, ἐλπίς, ἀγαθός

Αὐτὸς δὲ ὁ κύριος ἡμῶν Ἰησοῦς Χριστὸς καὶ [ὁ] θεὸς ὁ πατὴρ ἡμῶν

ὁ ἀγαπήσας ἡμᾶς καὶ δοὺς παράκλησιν αἰωνίαν καὶ ἐλπίδα ἀγαθὴν

ἐν χάριτι . . .

Now (may) our Lord Jesus Christ himself, and God our Father,
who loved us and gave eternal comfort and good hope through
grace . . .

148. 1 Timothy 1:20 ✳ παραδίδωμι, βλασφημέω

ὧν ἐστιν Ὑμέναιος καὶ Ἀλέξανδρος, οὓς παρέδωκα τῷ Σατανᾷ, ἵνα

παιδευθῶσιν[32] μὴ βλασφημεῖν.

. . . among whom are Hymenaeus and Alexander, whom I handed
over to Satan in order that they might learn not to blaspheme.

149. 1 Timothy 3:9 ✳ μυστήριον, καθαρός, συνείδησις

ἔχοντας τὸ μυστήριον τῆς πίστεως ἐν καθαρᾷ συνειδήσει.

. . . holding to the mystery of the faith with a clean conscience.

---

32. παιδεύω, to educate, discipline, "they might learn."

150. Hebrews 5:3 ✳ καθώς, προσφέρω

καὶ δι᾽ αὐτὴν ὀφείλει, καθὼς περὶ τοῦ λαοῦ, οὕτως καὶ περὶ αὐτοῦ

προσφέρειν περὶ ἁμαρτιῶν.

And because of this he is obligated to offer (a sacrifice) for sins, as for the people, so also for himself.

151. Hebrews 8:8 ✳ διαθήκη, καινός

μεμφόμενος[33] γὰρ αὐτοὺς λέγει, Ἰδοὺ ἡμέραι ἔρχονται, λέγει

κύριος, καὶ συντελέσω[34] ἐπὶ τὸν οἶκον Ἰσραὴλ καὶ ἐπὶ τὸν οἶκον

Ἰούδα διαθήκην καινήν.

For finding fault with them he says, "Behold, the days are coming, says the Lord, and I will enact a new covenant with the house of Israel and with the house of Judah."

152. Hebrews 13:12 ✳ διό, ἴδιος, ἔξω

διὸ καὶ Ἰησοῦς, ἵνα ἁγιάσῃ διὰ τοῦ ἰδίου αἵματος τὸν λαόν, ἔξω τῆς

πύλης[35] ἔπαθεν.

And so Jesus, in order that he might sanctify the people with his own blood, suffered outside the gate.

---

33. μέμφομαι, to find fault with, blame, "finding fault."
34. συντελέω, to bring to an end, carry out, fulfill, "I will enact."
35. πύλη, door, "gate."

153. Hebrews 13:24 ✳ ἀσπάζομαι, ἡγέομαι

Ἀσπάσασθε πάντας τοὺς ἡγουμένους ὑμῶν καὶ πάντας τοὺς ἁγίους.

ἀσπάζονται ὑμᾶς οἱ ἀπὸ τῆς Ἰταλίας.

Greet all of your leaders and all of the saints. Those from Italy greet you.

154. James 1:20 ✳ ὀργή, ἀνήρ, ἐργάζομαι

ὀργὴ γὰρ ἀνδρὸς δικαιοσύνην θεοῦ οὐκ ἐργάζεται.

For a person's anger does not accomplish the righteousness of God.

155. James 2:23 ✳ πληρόω, λογίζομαι, φίλος

καὶ ἐπληρώθη ἡ γραφὴ ἡ λέγουσα, Ἐπίστευσεν δὲ Ἀβραὰμ τῷ

θεῷ, καὶ ἐλογίσθη αὐτῷ εἰς δικαιοσύνην καὶ φίλος θεοῦ ἐκλήθη.

And the Scripture was fulfilled that says, "And Abraham believed God, and it was credited to him as righteousness," and he was called a friend of God.

156. James 2:26 ✳ ὥσπερ, πνεῦμα, νεκρός

ὥσπερ γὰρ τὸ σῶμα χωρὶς πνεύματος νεκρόν ἐστιν, οὕτως καὶ ἡ

πίστις χωρὶς ἔργων νεκρά ἐστιν.

For just as the body without the spirit is dead, so also faith without works is dead.

157. 1 Peter 1:21 ✷ διά, πιστός, δόξα

τοὺς δι' αὐτοῦ πιστοὺς εἰς θεὸν τὸν ἐγείραντα αὐτὸν ἐκ νεκρῶν καὶ

δόξαν αὐτῷ δόντα, ὥστε τὴν πίστιν ὑμῶν καὶ ἐλπίδα εἶναι εἰς

θεόν.

. . . who through him are believers in God, who raised him from
the dead and gave him glory, so that your faith and hope are in
God.

158. 2 Peter 2:15 ✷ ὅς, μισθός, ἀδικία

καταλείποντες[36] εὐθεῖαν[37] ὁδὸν ἐπλανήθησαν, ἐξακολουθήσαντες[38]

τῇ ὁδῷ τοῦ Βαλαὰμ τοῦ Βοσόρ, ὃς μισθὸν ἀδικίας ἠγάπησεν.

Forsaking the right path they have gone astray, having followed
the way of Balaam (son) of Beor, who loved the wages of
unrighteousness.

---

36. καταλείπω, to leave, forsake, abandon, "forsaking."
37. εὐθύς, straight, proper, "right."
38. ἐξακολουθέω, to obey, follow, pursue, "following."

159. 1 John 3:2 ✳ οὔπω, φανερόω, ὅμοιος

Ἀγαπητοί, νῦν τέκνα θεοῦ ἐσμεν, καὶ οὔπω ἐφανερώθη τί ἐσόμεθα.

οἴδαμεν ὅτι ἐὰν φανερωθῇ, ὅμοιοι αὐτῷ ἐσόμεθα, ὅτι ὀψόμεθα

αὐτὸν καθώς ἐστιν.

Beloved, now we are children of God, and it has not yet been
revealed what we will become. We know that when he appears, we
will be like him, because we will see him as he is.

160. 1 John 3:6 ✳ ἁμαρτάνω

πᾶς ὁ ἐν αὐτῷ μένων οὐχ ἁμαρτάνει· πᾶς ὁ ἁμαρτάνων οὐχ

ἑώρακεν αὐτὸν οὐδὲ ἔγνωκεν αὐτόν.

All who remain in him do not sin. All who sin have not seen him
and have not known him.

161. 1 John 4:15 ✳ ἐάν[II], ὁμολογέω

ὃς ἐὰν ὁμολογήσῃ ὅτι Ἰησοῦς ἐστιν ὁ υἱὸς τοῦ θεοῦ, ὁ θεὸς ἐν αὐτῷ

μένει καὶ αὐτὸς ἐν τῷ θεῷ.

Whoever confesses that Jesus is the Son of God, God remains in
him and he in God.

162. Revelation 2:2* ✶ βαστάζω, κακός

Οἶδα τὰ ἔργα σου καὶ τὸν κόπον[39] καὶ τὴν ὑπομονήν σου καὶ ὅτι οὐ

δύνῃ βαστάσαι κακούς.

I know your works, both your toil and endurance, and that you are
not able to tolerate evil.

163. Revelation 2:13 ✶ θρόνος, ἀρνέομαι, μάρτυς, ἀποκτείνω

Οἶδα ποῦ κατοικεῖς, ὅπου ὁ θρόνος τοῦ Σατανᾶ, καὶ κρατεῖς τὸ

ὄνομά μου καὶ οὐκ ἠρνήσω τὴν πίστιν μου καὶ ἐν ταῖς ἡμέραις

Ἀντιπᾶς ὁ μάρτυς μου ὁ πιστός μου, ὃς ἀπεκτάνθη παρ᾽ ὑμῖν, ὅπου

ὁ Σατανᾶς κατοικεῖ.

I know where you dwell, where the throne of Satan (is), and you
hold strong to my name, and you did not deny faith in me, even in
the days of Antipas, my witness, my faithful one, who was killed
among you, where Satan dwells.

---

39. κόπος, trouble, difficulty, work, labor, "toil."

164. Revelation 3:4 ✳ λευκός, ἄξιος

ἀλλὰ ἔχεις ὀλίγα ὀνόματα ἐν Σάρδεσιν ἃ οὐκ ἐμόλυναν[40] τὰ ἱμάτια

αὐτῶν, καὶ περιπατήσουσιν μετ' ἐμοῦ ἐν λευκοῖς, ὅτι ἄξιοί εἰσιν.

But you have a few names in Sardis who have not defiled their garments, and they will walk with me in white, for they are worthy.

165. Revelation 3:21 ✳ νικάω, καθίζω

ὁ νικῶν δώσω αὐτῷ καθίσαι μετ' ἐμοῦ ἐν τῷ θρόνῳ μου, ὡς κἀγὼ

ἐνίκησα καὶ ἐκάθισα μετὰ τοῦ πατρός μου ἐν τῷ θρόνῳ αὐτοῦ.

The one who conquers, I will grant to him to sit with me on my throne, even as I conquered and sat with my Father on his throne.

166. Revelation 5:4 ✳ κλαίω, βιβλίον

καὶ ἔκλαιον πολύ, ὅτι οὐδεὶς ἄξιος εὑρέθη ἀνοῖξαι τὸ βιβλίον οὔτε

βλέπειν αὐτό.

And I was weeping loudly, because no one worthy was found to open the scroll or to see it.

---

40. μολύνω, to stain, soil, "have defiled."

167. Revelation 7:1 ✳ ἄνεμος

Μετὰ τοῦτο εἶδον τέσσαρας ἀγγέλους ἑστῶτας ἐπὶ τὰς τέσσαρας

γωνίας⁴¹ τῆς γῆς, κρατοῦντας τοὺς τέσσαρας ἀνέμους τῆς γῆς ἵνα

μὴ πνέῃ⁴² ἄνεμος ἐπὶ τῆς γῆς μήτε ἐπὶ τῆς θαλάσσης μήτε ἐπὶ πᾶν

δένδρον.

After this, I saw four angels standing on the four corners of the
earth, holding back the four winds of the earth, in order that wind
would not blow upon the earth or on the sea or on any tree.

168. Revelation 12:8 ✳ ἰσχύω, οὐδέ, ἔτι

καὶ οὐκ ἴσχυσεν οὐδὲ τόπος εὑρέθη αὐτῶν ἔτι ἐν τῷ οὐρανῷ.

And he was not strong (enough), and no place was found for them
any longer in heaven.

169. Revelation 13:13 ✳ πῦρ

καὶ ποιεῖ σημεῖα μεγάλα, ἵνα καὶ πῦρ ποιῇ ἐκ τοῦ οὐρανοῦ

καταβαίνειν εἰς τὴν γῆν ἐνώπιον τῶν ἀνθρώπων.

And he performed great signs, so that he even made fire come
down from heaven to the earth in front of the people.

---

41. γωνία, corner, "corners."
42. πνέω, to breath out, blow, "would blow."

170. Revelation 14:12 ✳ ὧδε, ὑπομονή, ἐντολή

Ὧδε ἡ ὑπομονὴ τῶν ἁγίων ἐστίν, οἱ τηροῦντες τὰς ἐντολὰς τοῦ

θεοῦ καὶ τὴν πίστιν Ἰησοῦ.

Here is the perseverance of the saints, those keeping the
commandments of God and faith in Jesus.

171. Revelation 17:10 ✳ πέντε, ὀλίγος

οἱ πέντε ἔπεσαν, ὁ εἷς ἔστιν, ὁ ἄλλος οὔπω ἦλθεν, καὶ ὅταν ἔλθῃ

ὀλίγον αὐτὸν δεῖ μεῖναι.

Five fell, one remains, the other has not yet come, and when he
comes, it is necessary for him to remain a little while.

172. Revelation 18:2 ✳ ἰσχυρός, ἀκάθαρτος, θηρίον, μισέω

καὶ ἔκραξεν ἐν ἰσχυρᾷ φωνῇ λέγων, Ἔπεσεν ἔπεσεν Βαβυλὼν ἡ

μεγάλη, καὶ ἐγένετο κατοικητήριον[43] δαιμονίων καὶ φυλακὴ

παντὸς πνεύματος ἀκαθάρτου καὶ φυλακὴ παντὸς ὀρνέου[44]

ἀκαθάρτου [καὶ φυλακὴ παντὸς θηρίου ἀκαθάρτου] καὶ

μεμισημένου.

And he cried out in a loud voice, saying, "Fallen, fallen is Babylon the great! And she has become a dwelling place of demons and a prison (haunt) for every unclean spirit and a prison for every unclean bird [and a prison for every unclean beast] and hated thing."

---

43. κατοικητήριον, "dwelling place."
44. ὄρνεον, "bird."

List 2

Greek Texts
without
Translations

1. Matthew 1:2 ✻ γεννάω, ὁ, δέ, καί, ἀδελφός, αὐτός

Ἀβραὰμ ἐγέννησεν τὸν Ἰσαάκ, Ἰσαὰκ δὲ ἐγέννησεν τὸν Ἰακώβ,
Ἰακὼβ δὲ ἐγέννησεν τὸν Ἰούδαν καὶ τοὺς ἀδελφοὺς αὐτοῦ.

2. Matthew 2:5 ✻ ἐν, οὕτως, γάρ, γράφω, προφήτης

οἱ δὲ εἶπαν αὐτῷ, Ἐν Βηθλέεμ τῆς Ἰουδαίας· οὕτως γὰρ γέγραπται
διὰ τοῦ προφήτου·

3. Matthew 2:21 ✻ ἐγείρω, παραλαμβάνω, παιδίον, μήτηρ, εἰσέρχομαι,
εἰς, γῆ

ὁ δὲ ἐγερθεὶς παρέλαβεν τὸ παιδίον καὶ τὴν μητέρα αὐτοῦ καὶ
εἰσῆλθεν εἰς γῆν Ἰσραήλ.

4. Matthew 2:23 ✻ ἔρχομαι, κατοικέω, πόλις, ὅπως, ὅτι, καλέω

καὶ ἐλθὼν κατῴκησεν εἰς πόλιν λεγομένην Ναζαρέτ· ὅπως
πληρωθῇ τὸ ῥηθὲν διὰ τῶν προφητῶν ὅτι Ναζωραῖος κληθήσεται.

5. Matthew 3:9 ✻ μή, δοκέω, ἑαυτοῦ, πατήρ, σύ, δύναμαι, θεός, λίθος,
οὗτος, τέκνον

καὶ μὴ δόξητε λέγειν ἐν ἑαυτοῖς, Πατέρα ἔχομεν τὸν Ἀβραάμ.
λέγω γὰρ ὑμῖν ὅτι δύναται ὁ θεὸς ἐκ τῶν λίθων τούτων ἐγεῖραι
τέκνα τῷ Ἀβραάμ.

6. Matthew 3:13 ✻ παραγίνομαι, ἀπό, ἐπί, πρός, βαπτίζω, ὑπό

Τότε παραγίνεται ὁ Ἰησοῦς ἀπὸ τῆς Γαλιλαίας ἐπὶ τὸν Ἰορδάνην
πρὸς τὸν Ἰωάννην τοῦ βαπτισθῆναι ὑπ᾽ αὐτοῦ.

7. Matthew 4:1 ✳ ἔρημος, διάβολος

Τότε ὁ Ἰησοῦς ἀνήχθη[1] εἰς τὴν ἔρημον ὑπὸ τοῦ πνεύματος πειρασθῆναι ὑπὸ τοῦ διαβόλου.

8. Matthew 4:17 ✳ ἄρχω, κηρύσσω, μετανοέω, ἐγγίζω, βασιλεία, οὐρανός

Ἀπὸ τότε ἤρξατο ὁ Ἰησοῦς κηρύσσειν καὶ λέγειν, Μετανοεῖτε· ἤγγικεν γὰρ ἡ βασιλεία τῶν οὐρανῶν.

9. Matthew 5:20 ✳ ἐάν[I], περισσεύω, δικαιοσύνη, πολύς, γραμματεύς

Λέγω γὰρ ὑμῖν ὅτι ἐὰν μὴ περισσεύσῃ ὑμῶν ἡ δικαιοσύνη πλεῖον τῶν γραμματέων καὶ Φαρισαίων, οὐ μὴ εἰσέλθητε εἰς τὴν βασιλείαν τῶν οὐρανῶν.

10. Matthew 8:9 ✳ στρατιώτης, δοῦλος

καὶ γὰρ ἐγὼ ἄνθρωπός εἰμι ὑπὸ ἐξουσίαν, ἔχων ὑπ᾽ ἐμαυτὸν στρατιώτας, καὶ λέγω τούτῳ, Πορεύθητι, καὶ πορεύεται, καὶ ἄλλῳ, Ἔρχου, καὶ ἔρχεται, καὶ τῷ δούλῳ μου· Ποίησον τοῦτο, καὶ ποιεῖ.

11. Matthew 9:13 ✳ μανθάνω, θυσία, δίκαιος

πορευθέντες δὲ μάθετε τί ἐστιν, Ἔλεος θέλω καὶ οὐ θυσίαν· οὐ γὰρ ἦλθον καλέσαι δικαίους ἀλλὰ ἁμαρτωλούς.

---

1. ἀνάγω, to lead, bring up, "was led up."

12. **Matthew 9:28** ✻ προσέρχομαι, τυφλός, πιστεύω, ποιέω, ναί, κύριος

ἐλθόντι δὲ εἰς τὴν οἰκίαν προσῆλθον αὐτῷ οἱ τυφλοί, καὶ λέγει

αὐτοῖς ὁ Ἰησοῦς, Πιστεύετε ὅτι δύναμαι τοῦτο ποιῆσαι; λέγουσιν

αὐτῷ, Ναὶ κύριε.

13. **Matthew 9:34** ✻ ἄρχων, δαιμόνιον, ἐκβάλλω

οἱ δὲ Φαρισαῖοι ἔλεγον, Ἐν τῷ ἄρχοντι τῶν δαιμονίων ἐκβάλλει τὰ

δαιμόνια.

14. **Matthew 10:2** ✻ δώδεκα, ἀπόστολος, ὄνομα, εἰμί, πρῶτος

Τῶν δὲ δώδεκα ἀποστόλων τὰ ὀνόματά ἐστιν ταῦτα· πρῶτος

Σίμων ὁ λεγόμενος Πέτρος καὶ Ἀνδρέας ὁ ἀδελφὸς αὐτοῦ, καὶ

Ἰάκωβος ὁ τοῦ Ζεβεδαίου καὶ Ἰωάννης ὁ ἀδελφὸς αὐτοῦ.

15. **Matthew 10:5** ✻ ἀποστέλλω, παραγγέλλω, ὁδός, ἔθνος, ἀπέρχομαι

Τούτους τοὺς δώδεκα ἀπέστειλεν ὁ Ἰησοῦς παραγγείλας αὐτοῖς

λέγων, Εἰς ὁδὸν ἐθνῶν μὴ ἀπέλθητε καὶ εἰς πόλιν Σαμαριτῶν μὴ

εἰσέλθητε·

16. **Matthew 10:6** ✻ πορεύομαι, μᾶλλον, πρόβατον, ἀπόλλυμι

πορεύεσθε δὲ μᾶλλον πρὸς τὰ πρόβατα τὰ ἀπολωλότα οἴκου

Ἰσραήλ.

17. Matthew 10:23 ✳ ὅταν, διώκω, φεύγω, ἕτερος, ἀμήν, οὐ, τελέω, ἕως, ἄν, υἱός, ἄνθρωπος

Ὅταν δὲ διώκωσιν ὑμᾶς ἐν τῇ πόλει ταύτῃ, φεύγετε εἰς τὴν ἑτέραν· ἀμὴν γὰρ λέγω ὑμῖν, οὐ μὴ τελέσητε τὰς πόλεις τοῦ Ἰσραὴλ ἕως ἂν ἔλθῃ ὁ υἱὸς τοῦ ἀνθρώπου.

18. Matthew 10:32 ✳ ἔμπροσθεν

Πᾶς οὖν ὅστις ὁμολογήσει ἐν ἐμοὶ ἔμπροσθεν τῶν ἀνθρώπων, ὁμολογήσω κἀγὼ ἐν αὐτῷ ἔμπροσθεν τοῦ πατρός μου τοῦ ἐν [τοῖς] οὐρανοῖς·

19. Matthew 10:37 ✳ ἤ, θυγάτηρ

Ὁ φιλῶν πατέρα ἢ μητέρα ὑπὲρ ἐμὲ οὐκ ἔστιν μου ἄξιος, καὶ ὁ φιλῶν υἱὸν ἢ θυγατέρα ὑπὲρ ἐμὲ οὐκ ἔστιν μου ἄξιος·

20. Matthew 11:4 ✳ ἀποκρίνομαι, ἀπαγγέλλω, βλέπω

καὶ ἀποκριθεὶς ὁ Ἰησοῦς εἶπεν αὐτοῖς, Πορευθέντες ἀπαγγείλατε Ἰωάννῃ ἃ ἀκούετε καὶ βλέπετε·

21. Matthew 11:13-14 ✳ πᾶς, νόμος, προφητεύω, θέλω, δέχομαι, μέλλω

πάντες γὰρ οἱ προφῆται καὶ ὁ νόμος ἕως Ἰωάννου ἐπροφήτευσαν· καὶ εἰ θέλετε δέξασθαι, αὐτός ἐστιν Ἠλίας ὁ μέλλων ἔρχεσθαι.

22. Matthew 12:2 ✻ ὁράω, ἰδού, ἔξεστιν, σάββατον

οἱ δὲ Φαρισαῖοι ἰδόντες εἶπαν αὐτῷ, Ἰδοὺ οἱ μαθηταί σου ποιοῦσιν
ὃ οὐκ ἔξεστιν ποιεῖν ἐν σαββάτῳ.

23. Matthew 12:38 ✻ τότε, τις, διδάσκαλος, σημεῖον

Τότε ἀπεκρίθησαν αὐτῷ τινες τῶν γραμματέων καὶ Φαρισαίων
λέγοντες, Διδάσκαλε, θέλομεν ἀπὸ σοῦ σημεῖον ἰδεῖν.

24. Matthew 13:1 ✻ ἡμέρα, ἐκεῖνος, ἐξέρχομαι, κάθημαι, παρά, θάλασσα

Ἐν τῇ ἡμέρᾳ ἐκείνῃ ἐξελθὼν ὁ Ἰησοῦς τῆς οἰκίας ἐκάθητο παρὰ
τὴν θάλασσαν.

25. Matthew 13:34 ✻ λαλέω, παραβολή, ὄχλος, χωρίς, οὐδείς

ταῦτα πάντα ἐλάλησεν ὁ Ἰησοῦς ἐν παραβολαῖς τοῖς ὄχλοις καὶ
χωρὶς παραβολῆς οὐδὲν ἐλάλει αὐτοῖς.

26. Matthew 13:43 ✻ ἥλιος, οὖς

τότε οἱ δίκαιοι ἐκλάμψουσιν[2] ὡς ὁ ἥλιος ἐν τῇ βασιλείᾳ τοῦ πατρὸς
αὐτῶν. ὁ ἔχων ὦτα ἀκουέτω.

27. Matthew 14:16 ✻ χρεία, ἔχω, δίδωμι, ἐσθίω

ὁ δὲ [Ἰησοῦς] εἶπεν αὐτοῖς, Οὐ χρείαν ἔχουσιν ἀπελθεῖν, δότε
αὐτοῖς ὑμεῖς φαγεῖν.

---

2. ἐκλάμπω, to shine forth, "[they] will shine."

28. **Matthew 14:28-29** ✳ κελεύω, ἐγώ, ὕδωρ, καταβαίνω, πλοῖον, περιπατέω

ἀποκριθεὶς δὲ αὐτῷ ὁ Πέτρος εἶπεν, Κύριε, εἰ σὺ εἶ, κέλευσόν με ἐλθεῖν πρός σε ἐπὶ τὰ ὕδατα. ὁ δὲ εἶπεν· Ἐλθέ, καὶ καταβὰς ἀπὸ τοῦ πλοίου [ὁ] Πέτρος περιεπάτησεν ἐπὶ τὰ ὕδατα καὶ ἦλθεν πρὸς τὸν Ἰησοῦν.

29. **Matthew 15:12** ✳ οἶδα, σκανδαλίζω

Τότε προσελθόντες οἱ μαθηταὶ λέγουσιν αὐτῷ, Οἶδας ὅτι οἱ Φαρισαῖοι ἀκούσαντες τὸν λόγον ἐσκανδαλίσθησαν;

30. **Matthew 16:13** ✳ μέρος, ἐρωτάω, τίς

Ἐλθὼν δὲ ὁ Ἰησοῦς εἰς τὰ μέρη Καισαρείας τῆς Φιλίππου ἠρώτα τοὺς μαθητὰς αὐτοῦ λέγων, Τίνα λέγουσιν οἱ ἄνθρωποι εἶναι τὸν υἱὸν τοῦ ἀνθρώπου;

31. **Matthew 16:17** ✳ μακάριος, σάρξ, αἷμα, ἀποκαλύπτω, ἀλλά

ἀποκριθεὶς δὲ ὁ Ἰησοῦς εἶπεν αὐτῷ, Μακάριος εἶ, Σίμων Βαριωνᾶ, ὅτι σὰρξ καὶ αἷμα οὐκ ἀπεκάλυψέν σοι ἀλλ' ὁ πατήρ μου ὁ ἐν τοῖς οὐρανοῖς.

32. **Matthew 17:10** ✳ ἐπερωτάω, οὖν, δεῖ

Καὶ ἐπηρώτησαν αὐτὸν οἱ μαθηταὶ λέγοντες, Τί οὖν οἱ γραμματεῖς λέγουσιν ὅτι Ἠλίαν δεῖ ἐλθεῖν πρῶτον;

33. Matthew 17:12 ❋ ἤδη, ἐπιγινώσκω, ὅσος, πάσχω

λέγω δὲ ὑμῖν ὅτι Ἠλίας ἤδη ἦλθεν, καὶ οὐκ ἐπέγνωσαν αὐτὸν
ἀλλὰ ἐποίησαν ἐν αὐτῷ ὅσα ἠθέλησαν· οὕτως καὶ ὁ υἱὸς τοῦ
ἀνθρώπου μέλλει πάσχειν ὑπ' αὐτῶν.

34. Matthew 18:1 ❋ ὥρα, ἄρα, μέγας

Ἐν ἐκείνῃ τῇ ὥρᾳ προσῆλθον οἱ μαθηταὶ τῷ Ἰησοῦ λέγοντες, Τίς
ἄρα μείζων ἐστὶν ἐν τῇ βασιλείᾳ τῶν οὐρανῶν;

35. Matthew 20:20 ❋ μετά, προσκυνέω, αἰτέω

Τότε προσῆλθεν αὐτῷ ἡ μήτηρ τῶν υἱῶν Ζεβεδαίου μετὰ τῶν υἱῶν
αὐτῆς προσκυνοῦσα καὶ αἰτοῦσά τι ἀπ' αὐτοῦ.

36. Matthew 21:22 ❋ προσευχή, λαμβάνω

καὶ πάντα ὅσα ἂν αἰτήσητε ἐν τῇ προσευχῇ πιστεύοντες
λήμψεσθε.

37. Matthew 21:24 ❋ λόγος, εἷς, ποῖος, ἐξουσία

ἀποκριθεὶς δὲ ὁ Ἰησοῦς εἶπεν αὐτοῖς, Ἐρωτήσω ὑμᾶς κἀγὼ λόγον
ἕνα, ὃν ἐὰν εἴπητέ μοι κἀγὼ ὑμῖν ἐρῶ ἐν ποίᾳ ἐξουσίᾳ ταῦτα ποιῶ·

38. Matthew 21:45 ❋ ἀρχιερεύς, γινώσκω, περί

Καὶ ἀκούσαντες οἱ ἀρχιερεῖς καὶ οἱ Φαρισαῖοι τὰς παραβολὰς
αὐτοῦ ἔγνωσαν ὅτι περὶ αὐτῶν λέγει·

39. Matthew 22:29 ✳ πλανάω, γραφή, μηδέ, δύναμις

ἀποκριθεὶς δὲ ὁ Ἰησοῦς εἶπεν αὐτοῖς, Πλανᾶσθε μὴ εἰδότες τὰς γραφὰς μηδὲ τὴν δύναμιν τοῦ θεοῦ·

40. Matthew 23:21 ✳ ὀμνύω

καὶ ὁ ὀμόσας ἐν τῷ ναῷ ὀμνύει ἐν αὐτῷ καὶ ἐν τῷ κατοικοῦντι αὐτόν.

41. Matthew 24:30 ✳ φαίνω, φυλή

καὶ τότε φανήσεται τὸ σημεῖον τοῦ υἱοῦ τοῦ ἀνθρώπου ἐν οὐρανῷ, καὶ τότε κόψονται[3] πᾶσαι αἱ φυλαὶ τῆς γῆς καὶ ὄψονται τὸν υἱὸν τοῦ ἀνθρώπου ἐρχόμενον ἐπὶ τῶν νεφελῶν τοῦ οὐρανοῦ μετὰ δυνάμεως καὶ δόξης πολλῆς·

42. Matthew 26:39 ✳ δυνατός, παρέρχομαι, ποτήριον

καὶ προελθὼν[4] μικρὸν ἔπεσεν ἐπὶ πρόσωπον αὐτοῦ προσευχόμενος καὶ λέγων, Πάτερ μου, εἰ δυνατόν ἐστιν, παρελθάτω ἀπ᾽ ἐμοῦ τὸ ποτήριον τοῦτο· πλὴν οὐχ ὡς ἐγὼ θέλω ἀλλ᾽ ὡς σύ.

---

3. κόπτω, to smite, mourn, "[they] will mourn."
4. προέρχομαι, to go forward, "going further."

43. Matthew 26:64 ※ πλήν, ἄρτι, δεξιός, νεφέλη

λέγει αὐτῷ ὁ Ἰησοῦς, Σὺ εἶπας· πλὴν λέγω ὑμῖν, ἀπ᾽ ἄρτι ὄψεσθε τὸν υἱὸν τοῦ ἀνθρώπου καθήμενον ἐκ δεξιῶν τῆς δυνάμεως καὶ ἐρχόμενον ἐπὶ τῶν νεφελῶν τοῦ οὐρανοῦ.

44. Matthew 27:20 ※ πρεσβύτερος, πείθω, ἵνα

Οἱ δὲ ἀρχιερεῖς καὶ οἱ πρεσβύτεροι ἔπεισαν τοὺς ὄχλους ἵνα αἰτήσωνται τὸν Βαραββᾶν, τὸν δὲ Ἰησοῦν ἀπολέσωσιν.

45. Matthew 27:42 ※ ἄλλος, σῴζω, νῦν, σταυρός

Ἄλλους ἔσωσεν, ἑαυτὸν οὐ δύναται σῶσαι· βασιλεὺς Ἰσραήλ ἐστιν, καταβάτω νῦν ἀπὸ τοῦ σταυροῦ καὶ πιστεύσομεν ἐπ᾽ αὐτόν.

46. Matthew 27:50 ※ πάλιν, κράζω, φωνή

ὁ δὲ Ἰησοῦς πάλιν κράξας φωνῇ μεγάλῃ ἀφῆκεν τὸ πνεῦμα.

47. Matthew 27:58 ※ σῶμα, ἀποδίδωμι

οὗτος προσελθὼν τῷ Πιλάτῳ ᾐτήσατο τὸ σῶμα τοῦ Ἰησοῦ. τότε ὁ Πιλᾶτος ἐκέλευσεν ἀποδοθῆναι.

48. Matthew 28:5 ※ ἄγγελος, γυνή, σταυρόω, ζητέω

ἀποκριθεὶς δὲ ὁ ἄγγελος εἶπεν ταῖς γυναιξίν, Μὴ φοβεῖσθε ὑμεῖς, οἶδα γὰρ ὅτι Ἰησοῦν τὸν ἐσταυρωμένον ζητεῖτε·

49. Mark 1:1 ※ ἀρχή, εὐαγγέλιον

Ἀρχὴ τοῦ εὐαγγελίου Ἰησοῦ Χριστοῦ [υἱοῦ θεοῦ].

50. Mark 1:33 ※ ὅλος, θύρα

καὶ ἦν ὅλη ἡ πόλις ἐπισυνηγμένη[5] πρὸς τὴν θύραν.

51. Mark 4:12 ※ συνίημι, μήποτε, ἀφίημι

ἵνα βλέποντες βλέπωσιν καὶ μὴ ἴδωσιν, καὶ ἀκούοντες ἀκούωσιν καὶ μὴ συνιῶσιν, μήποτε ἐπιστρέψωσιν καὶ ἀφεθῇ αὐτοῖς.

52. Mark 4:15 ※ ὅπου, σπείρω, εὐθύς, αἴρω

οὗτοι δέ εἰσιν οἱ παρὰ τὴν ὁδόν· ὅπου σπείρεται ὁ λόγος καὶ ὅταν ἀκούσωσιν, εὐθὺς ἔρχεται ὁ Σατανᾶς καὶ αἴρει τὸν λόγον τὸν ἐσπαρμένον εἰς αὐτούς.

53. Mark 5:30 ※ ἐπιστρέφω, ἅπτω, ἱμάτιον

καὶ εὐθὺς ὁ Ἰησοῦς ἐπιγνοὺς ἐν ἑαυτῷ τὴν ἐξ αὐτοῦ δύναμιν ἐξελθοῦσαν ἐπιστραφεὶς ἐν τῷ ὄχλῳ ἔλεγεν, Τίς μου ἥψατο τῶν ἱματίων;

---

5. ἐπισυνάγω, to gather together, "had gathered" (periphrastic with ἦν).

54. Mark 6:17 ✳ κρατέω, δέω, φυλακή, γαμέω

Αὐτὸς γὰρ ὁ Ἡρῴδης ἀποστείλας ἐκράτησεν τὸν Ἰωάννην καὶ ἔδησεν αὐτὸν ἐν φυλακῇ διὰ Ἡρῳδιάδα τὴν γυναῖκα Φιλίππου τοῦ ἀδελφοῦ αὐτοῦ, ὅτι αὐτὴν ἐγάμησεν·

55. Mark 6:30 ✳ συνάγω, διδάσκω

Καὶ συνάγονται οἱ ἀπόστολοι πρὸς τὸν Ἰησοῦν καὶ ἀπήγγειλαν αὐτῷ πάντα ὅσα ἐποίησαν καὶ ὅσα ἐδίδαξαν.

56. Mark 8:5 ✳ πόσος, ἑπτά

καὶ ἠρώτα αὐτούς, Πόσους ἔχετε ἄρτους; οἱ δὲ εἶπαν, Ἑπτά.

57. Mark 8:24 ✳ ἀναβλέπω, δένδρον

καὶ ἀναβλέψας ἔλεγεν, Βλέπω τοὺς ἀνθρώπους ὅτι ὡς δένδρα ὁρῶ περιπατοῦντας.

58. Mark 8:33 ✳ ἐπιτιμάω, ὑπάγω, ὀπίσω, φρονέω

ὁ δὲ ἐπιστραφεὶς καὶ ἰδὼν τοὺς μαθητὰς αὐτοῦ ἐπετίμησεν Πέτρῳ καὶ λέγει, Ὕπαγε ὀπίσω μου, Σατανᾶ, ὅτι οὐ φρονεῖς τὰ τοῦ θεοῦ ἀλλὰ τὰ τῶν ἀνθρώπων.

59. Mark 10:2 ✳ ἀπολύω, πειράζω

καὶ προσελθόντες Φαρισαῖοι ἐπηρώτων αὐτὸν εἰ ἔξεστιν ἀνδρὶ γυναῖκα ἀπολῦσαι, πειράζοντες αὐτόν.

60. Mark 10:29 ✳ φημί, οἰκία, ἀδελφή, ἀγρός

ἔφη ὁ Ἰησοῦς, Ἀμὴν λέγω ὑμῖν, οὐδείς ἐστιν ὃς ἀφῆκεν οἰκίαν ἢ

ἀδελφοὺς ἢ ἀδελφὰς ἢ μητέρα ἢ πατέρα ἢ τέκνα ἢ ἀγροὺς ἕνεκεν[6]

ἐμοῦ καὶ ἕνεκεν τοῦ εὐαγγελίου . . .

61. Mark 15:5 ✳ οὐκέτι, ὥστε, θαυμάζω

ὁ δὲ Ἰησοῦς οὐκέτι οὐδὲν ἀπεκρίθη, ὥστε θαυμάζειν τὸν Πιλᾶτον.

62. Mark 15:35 ✳ παρίστημι, ἴδε

καί τινες τῶν παρεστηκότων ἀκούσαντες ἔλεγον, Ἴδε Ἡλίαν

φωνεῖ.

63. Mark 15:47 ✳ θεωρέω, ποῦ, τίθημι

ἡ δὲ Μαρία ἡ Μαγδαληνὴ καὶ Μαρία ἡ Ἰωσῆτος ἐθεώρουν ποῦ

τέθειται.

64. Luke 1:19 ✳ ἐνώπιον, εὐαγγελίζω

καὶ ἀποκριθεὶς ὁ ἄγγελος εἶπεν αὐτῷ, Ἐγώ εἰμι Γαβριὴλ ὁ

παρεστηκὼς ἐνώπιον τοῦ θεοῦ καὶ ἀπεστάλην λαλῆσαι πρὸς σὲ καὶ

εὐαγγελίσασθαί σοι ταῦτα·

---

6. ἕνεκα, on account of, in order that, "on account of" (2x).

65. Luke 1:30 ✳ φοβέω, εὑρίσκω, χάρις

καὶ εἶπεν ὁ ἄγγελος αὐτῇ, Μὴ φοβοῦ, Μαριάμ, εὗρες γὰρ χάριν παρὰ τῷ θεῷ.

66. Luke 1:50 ✳ γενεά

καὶ τὸ ἔλεος αὐτοῦ εἰς γενεὰς καὶ γενεὰς τοῖς φοβουμένοις αὐτόν.

67. Luke 1:55 ✳ σπέρμα, αἰών

καθὼς ἐλάλησεν πρὸς τοὺς πατέρας ἡμῶν, τῷ Ἀβραὰμ καὶ τῷ σπέρματι αὐτοῦ εἰς τὸν αἰῶνα.

68. Luke 3:21 ✳ ἅπας, λαός, προσεύχομαι, ἀνοίγω

Ἐγένετο δὲ ἐν τῷ βαπτισθῆναι ἅπαντα τὸν λαὸν καὶ Ἰησοῦ βαπτισθέντος καὶ προσευχομένου ἀνεῳχθῆναι τὸν οὐρανόν.

69. Luke 4:4 ✳ ἄρτος, μόνος, ζάω

καὶ ἀπεκρίθη πρὸς αὐτὸν ὁ Ἰησοῦς, Γέγραπται ὅτι Οὐκ ἐπ' ἄρτῳ μόνῳ ζήσεται ὁ ἄνθρωπος.

70. Luke 4:22 ✳ μαρτυρέω, ἐκπορεύομαι, στόμα, οὐχί

Καὶ πάντες ἐμαρτύρουν αὐτῷ καὶ ἐθαύμαζον ἐπὶ τοῖς λόγοις τῆς χάριτος τοῖς ἐκπορευομένοις ἐκ τοῦ στόματος αὐτοῦ καὶ ἔλεγον, Οὐχὶ υἱός ἐστιν Ἰωσὴφ οὗτος;

71. Luke 7:18 ✳ προσκαλέω, δύο, μαθητής

Καὶ ἀπήγγειλαν Ἰωάννῃ οἱ μαθηταὶ αὐτοῦ περὶ πάντων τούτων.

καὶ προσκαλεσάμενος δύο τινὰς τῶν μαθητῶν αὐτοῦ ὁ Ἰωάννης . . .

72. Luke 7:33 ✳ μήτε, πίνω, οἶνος

ἐλήλυθεν γὰρ Ἰωάννης ὁ βαπτιστὴς[7] μὴ ἐσθίων ἄρτον μήτε πίνων

οἶνον, καὶ λέγετε, Δαιμόνιον ἔχει.

73. Luke 8:41 ✳ ὑπάρχω, πίπτω, πούς, οἶκος

καὶ ἰδοὺ ἦλθεν ἀνὴρ ᾧ ὄνομα Ἰάϊρος καὶ οὗτος ἄρχων τῆς

συναγωγῆς ὑπῆρχεν, καὶ πεσὼν παρὰ τοὺς πόδας [τοῦ] Ἰησοῦ

παρεκάλει αὐτὸν εἰσελθεῖν εἰς τὸν οἶκον αὐτοῦ.

74. Luke 9:52 ✳ πρό, πρόσωπον, κώμη, ὡς, ἑτοιμάζω

καὶ ἀπέστειλεν ἀγγέλους πρὸ προσώπου αὐτοῦ. καὶ πορευθέντες

εἰσῆλθον εἰς κώμην Σαμαριτῶν ὡς ἑτοιμάσαι αὐτῷ·

75. Luke 10:37 ✳ ἔλεος, ὁμοίως

ὁ δὲ εἶπεν, Ὁ ποιήσας τὸ ἔλεος μετ' αὐτοῦ. εἶπεν δὲ αὐτῷ ὁ

Ἰησοῦς, Πορεύου καὶ σὺ ποίει ὁμοίως.

76. Luke 11:47 ✳ οὐαί, οἰκοδομέω

οὐαὶ ὑμῖν, ὅτι οἰκοδομεῖτε τὰ μνημεῖα τῶν προφητῶν, οἱ δὲ

πατέρες ὑμῶν ἀπέκτειναν αὐτούς.

---

7. βαπτιστής, "Baptist."

77. Luke 13:35 ✳ ἥκω, εὐλογέω

ἰδοὺ ἀφίεται ὑμῖν ὁ οἶκος ὑμῶν. λέγω [δὲ] ὑμῖν, οὐ μὴ ἴδητέ με ἕως [ἥξει ὅτε] εἴπητε, Εὐλογημένος ὁ ἐρχόμενος ἐν ὀνόματι κυρίου.

78. Luke 17:11 ✳ διέρχομαι, μέσος

Καὶ ἐγένετο ἐν τῷ πορεύεσθαι εἰς Ἰερουσαλὴμ καὶ αὐτὸς διήρχετο διὰ μέσον Σαμαρείας καὶ Γαλιλαίας.

79. Luke 17:17 ✳ δέκα, καθαρίζω

ἀποκριθεὶς δὲ ὁ Ἰησοῦς εἶπεν, Οὐχὶ οἱ δέκα ἐκαθαρίσθησαν; οἱ δὲ ἐννέα[8] ποῦ;

80. Luke 21:8 ✳ καιρός

ὁ δὲ εἶπεν· Βλέπετε μὴ πλανηθῆτε, πολλοὶ γὰρ ἐλεύσονται ἐπὶ τῷ ὀνόματί μου λέγοντες· Ἐγώ εἰμι, καί, Ὁ καιρὸς ἤγγικεν. μὴ πορευθῆτε ὀπίσω αὐτῶν.

81. Luke 23:8 ✳ ἱκανός, ἐλπίζω

ὁ δὲ Ἡρῴδης ἰδὼν τὸν Ἰησοῦν ἐχάρη λίαν,[9] ἦν γὰρ ἐξ ἱκανῶν χρόνων θέλων ἰδεῖν αὐτὸν διὰ τὸ ἀκούειν περὶ αὐτοῦ καὶ ἤλπιζέν τι σημεῖον ἰδεῖν ὑπ᾽ αὐτοῦ γινόμενον.

---

8. ἐννέα, "nine."
9. λίαν, very much, exceedingly, "exceedingly."

82. Luke 24:10 ❋ λοιπός, σύν

ἦσαν δὲ ἡ Μαγδαληνὴ Μαρία καὶ Ἰωάννα καὶ Μαρία ἡ Ἰακώβου καὶ αἱ λοιπαὶ σὺν αὐταῖς. ἔλεγον πρὸς τοὺς ἀποστόλους ταῦτα.

83. Luke 24:52 ❋ ὑποστρέφω, χαρά

καὶ αὐτοὶ προσκυνήσαντες αὐτὸν ὑπέστρεψαν εἰς Ἰερουσαλὴμ μετὰ χαρᾶς μεγάλης.

84. John 1:19 ❋ μαρτυρία, ὅτε, ἱερεύς

Καὶ αὕτη ἐστὶν ἡ μαρτυρία τοῦ Ἰωάννου, ὅτε ἀπέστειλαν [πρὸς αὐτὸν] οἱ Ἰουδαῖοι ἐξ Ἱεροσολύμων ἱερεῖς καὶ Λευίτας ἵνα ἐρωτήσωσιν αὐτόν, Σὺ τίς εἶ;

85. John 2:13 ❋ ἐγγύς, πάσχα, ἀναβαίνω

Καὶ ἐγγὺς ἦν τὸ πάσχα τῶν Ἰουδαίων, καὶ ἀνέβη εἰς Ἱεροσόλυμα ὁ Ἰησοῦς.

86. John 2:19 ❋ λύω, ναός, τρεῖς

ἀπεκρίθη Ἰησοῦς καὶ εἶπεν αὐτοῖς, Λύσατε τὸν ναὸν τοῦτον καὶ ἐν τρισὶν ἡμέραις ἐγερῶ αὐτόν.

87. John 3:19 ❋ κρίσις, πονηρός

αὕτη δέ ἐστιν ἡ κρίσις ὅτι τὸ φῶς ἐλήλυθεν εἰς τὸν κόσμον καὶ ἠγάπησαν οἱ ἄνθρωποι μᾶλλον τὸ σκότος ἢ τὸ φῶς· ἦν γὰρ αὐτῶν πονηρὰ τὰ ἔργα.

88. John 4:21 ✳ οὔτε, ὄρος

λέγει αὐτῇ ὁ Ἰησοῦς, Πίστευέ μοι, γύναι, ὅτι ἔρχεται ὥρα ὅτε οὔτε ἐν τῷ ὄρει τούτῳ οὔτε ἐν Ἱεροσολύμοις προσκυνήσετε τῷ πατρί.

89. John 4:47 ✳ ἰάομαι, ἀποθνῄσκω

οὗτος ἀκούσας ὅτι Ἰησοῦς ἥκει ἐκ τῆς Ἰουδαίας εἰς τὴν Γαλιλαίαν ἀπῆλθεν πρὸς αὐτὸν καὶ ἠρώτα ἵνα καταβῇ καὶ ἰάσηται αὐτοῦ τὸν υἱόν, ἤμελλεν γὰρ ἀποθνῄσκειν.

90. John 6:68 ✳ ζωή, αἰώνιος

ἀπεκρίθη αὐτῷ Σίμων Πέτρος, Κύριε, πρὸς τίνα ἀπελευσόμεθα; ῥήματα ζωῆς αἰωνίου ἔχεις.

91. John 7:16 ✳ ἐμός, διδαχή, πέμπω

ἀπεκρίθη οὖν αὐτοῖς [ὁ] Ἰησοῦς καὶ εἶπεν, Ἡ ἐμὴ διδαχὴ οὐκ ἔστιν ἐμὴ ἀλλὰ τοῦ πέμψαντός με·

92. John 7:28 ✳ ἱερόν, πόθεν, ἐμαυτοῦ, ἀληθινός

ἔκραξεν οὖν ἐν τῷ ἱερῷ διδάσκων ὁ Ἰησοῦς καὶ λέγων, Κἀμὲ οἴδατε καὶ οἴδατε πόθεν εἰμί· καὶ ἀπ’ ἐμαυτοῦ οὐκ ἐλήλυθα, ἀλλ’ ἔστιν ἀληθινὸς ὁ πέμψας με, ὃν ὑμεῖς οὐκ οἴδατε·

93. John 7:33 ✳ χρόνος, μικρός

εἶπεν οὖν ὁ Ἰησοῦς, Ἔτι χρόνον μικρὸν μεθ’ ὑμῶν εἰμι καὶ ὑπάγω πρὸς τὸν πέμψαντά με.

94. John 8:13 ✳ σεαυτοῦ, ἀληθής

εἶπον οὖν αὐτῷ οἱ Φαρισαῖοι, Σὺ περὶ σεαυτοῦ μαρτυρεῖς· ἡ
μαρτυρία σου οὐκ ἔστιν ἀληθής.

95. John 9:13 ✳ ἄγω, ποτέ

Ἄγουσιν αὐτὸν πρὸς τοὺς Φαρισαίους τόν ποτε τυφλόν.

96. John 9:16 ✳ τηρέω, πῶς, ἁμαρτωλός, τοιοῦτος

ἔλεγον οὖν ἐκ τῶν Φαρισαίων τινές, Οὐκ ἔστιν οὗτος παρὰ θεοῦ ὁ
ἄνθρωπος, ὅτι τὸ σάββατον οὐ τηρεῖ. ἄλλοι [δὲ] ἔλεγον, Πῶς
δύναται ἄνθρωπος ἁμαρτωλὸς τοιαῦτα σημεῖα ποιεῖν; καὶ σχίσμα[10]
ἦν ἐν αὐτοῖς.

97. John 9:39 ✳ κρίμα, κόσμος

Καὶ εἶπεν ὁ Ἰησοῦς, Εἰς κρίμα ἐγὼ εἰς τὸν κόσμον τοῦτον ἦλθον,
ἵνα οἱ μὴ βλέποντες βλέπωσιν καὶ οἱ βλέποντες τυφλοὶ γένωνται.

98. John 10:32 ✳ καλός, δείκνυμι

ἀπεκρίθη αὐτοῖς ὁ Ἰησοῦς, Πολλὰ ἔργα καλὰ ἔδειξα ὑμῖν ἐκ τοῦ
πατρός· διὰ ποῖον αὐτῶν ἔργον ἐμὲ λιθάζετε;[11]

---

10. σχίσμα, tear, crack, division, "division."
11. λιθάζω, to stone (someone), "are you stoning."

99. John 11:17 ✳ τέσσαρες, μνημεῖον

Ἐλθὼν οὖν ὁ Ἰησοῦς εὗρεν αὐτὸν τέσσαρας ἤδη ἡμέρας ἔχοντα ἐν τῷ μνημείῳ.

100. John 11:54 ✳ παρρησία, ἐκεῖθεν, χώρα, μένω

Ὁ οὖν Ἰησοῦς οὐκέτι παρρησίᾳ περιεπάτει ἐν τοῖς Ἰουδαίοις, ἀλλὰ ἀπῆλθεν ἐκεῖθεν εἰς τὴν χώραν ἐγγὺς τῆς ἐρήμου, εἰς Ἐφραὶμ λεγομένην πόλιν, κἀκεῖ ἔμεινεν μετὰ τῶν μαθητῶν.

101. John 12:26 ✳ διακονέω, ἐκεῖ

ἐὰν ἐμοί τις διακονῇ, ἐμοὶ ἀκολουθείτω, καὶ ὅπου εἰμὶ ἐγὼ ἐκεῖ καὶ ὁ διάκονος ὁ ἐμὸς ἔσται· ἐάν τις ἐμοὶ διακονῇ τιμήσει[12] αὐτὸν ὁ πατήρ.

102. John 12:47 ✳ ῥῆμα, φυλάσσω

καὶ ἐάν τίς μου ἀκούσῃ τῶν ῥημάτων καὶ μὴ φυλάξῃ, ἐγὼ οὐ κρίνω αὐτόν· οὐ γὰρ ἦλθον ἵνα κρίνω τὸν κόσμον, ἀλλ' ἵνα σώσω τὸν κόσμον.

---

12. τιμάω, to value, honor, revere, "will honor."

103. John 13:29 ❋ ἐπεί, ἀγοράζω, ἑορτή, πτωχός

τινὲς γὰρ ἐδόκουν, ἐπεὶ τὸ γλωσσόκομον[13] εἶχεν Ἰούδας, ὅτι λέγει

αὐτῷ [ὁ] Ἰησοῦς, Ἀγόρασον ὧν χρείαν ἔχομεν εἰς τὴν ἑορτήν, ἢ

τοῖς πτωχοῖς ἵνα τι δῷ.

104. John 13:37 ❋ ἀκολουθέω, ψυχή, ὑπέρ

λέγει αὐτῷ ὁ Πέτρος, Κύριε, διὰ τί οὐ δύναμαί σοι ἀκολουθῆσαι

ἄρτι; τὴν ψυχήν μου ὑπὲρ σοῦ θήσω.

105. John 15:8 ❋ δοξάζω, καρπός, φέρω

ἐν τούτῳ ἐδοξάσθη ὁ πατήρ μου, ἵνα καρπὸν πολὺν φέρητε καὶ

γένησθε ἐμοὶ μαθηταί.

106. John 18:11 ❋ βάλλω, μάχαιρα

εἶπεν οὖν ὁ Ἰησοῦς τῷ Πέτρῳ, Βάλε τὴν μάχαιραν εἰς τὴν θήκην·[14]

τὸ ποτήριον ὃ δέδωκέν μοι ὁ πατὴρ οὐ μὴ πίω αὐτό;

107. John 21:15 ❋ φιλέω, ἀρνίον

Ὅτε οὖν ἠρίστησαν[15] λέγει τῷ Σίμωνι Πέτρῳ ὁ Ἰησοῦς, Σίμων

Ἰωάννου, ἀγαπᾷς με πλέον τούτων; λέγει αὐτῷ, Ναὶ κύριε, σὺ

οἶδας ὅτι φιλῶ σε. λέγει αὐτῷ, Βόσκε[16] τὰ ἀρνία μου.

---

13. γλωσσόκομον, money-box, purse, "moneybag."
14. θήκη, grave, sheath, "sheath."
15. ἀριστάω, to eat breakfast, eat a meal, dine, "they had eaten breakfast."
16. βόσκω, to herd, tend, graze, feed, "feed."

108. John 21:17* ✳ τρίτος

λέγει αὐτῷ τὸ τρίτον, Σίμων Ἰωάννου, φιλεῖς με; ἐλυπήθη ὁ
Πέτρος ὅτι εἶπεν αὐτῷ τὸ τρίτον, Φιλεῖς με; καὶ λέγει αὐτῷ,
Κύριε, πάντα σὺ οἶδας, σὺ γινώσκεις ὅτι φιλῶ σε.

109. Acts 5:16 ✳ συνέρχομαι, πλῆθος, ἀσθενής, ὅστις, θεραπεύω

συνήρχετο δὲ καὶ τὸ πλῆθος τῶν πέριξ[17] πόλεων Ἰερουσαλὴμ
φέροντες ἀσθενεῖς καὶ ὀχλουμένους[18] ὑπὸ πνευμάτων ἀκαθάρτων,
οἵτινες ἐθεραπεύοντο ἅπαντες.

110. Acts 7:18 ✳ ἄχρι, ἀνίστημι, βασιλεύς

ἄχρι οὗ ἀνέστη βασιλεὺς ἕτερος [ἐπ' Αἴγυπτον] ὃς οὐκ ᾔδει τὸν
Ἰωσήφ.

111. Acts 9:20 ✳ εὐθέως, συναγωγή

καὶ εὐθέως ἐν ταῖς συναγωγαῖς ἐκήρυσσεν τὸν Ἰησοῦν ὅτι οὗτός
ἐστιν ὁ υἱὸς τοῦ θεοῦ.

112. Acts 9:41 ✳ χήρα, φωνέω, ἅγιος

δοὺς δὲ αὐτῇ χεῖρα ἀνέστησεν αὐτήν· φωνήσας δὲ τοὺς ἁγίους καὶ
τὰς χήρας παρέστησεν αὐτὴν ζῶσαν.

---

17. πέριξ, in the vicinity, "around."
18. ὀχλέω, to trouble, disturb, torment, "tormented."

113. Acts 19:6 ✳ ἐπιτίθημι, γλῶσσα

καὶ ἐπιθέντος αὐτοῖς τοῦ Παύλου [τὰς] χεῖρας ἦλθε τὸ πνεῦμα τὸ
ἅγιον ἐπ' αὐτούς, ἐλάλουν τε γλώσσαις καὶ ἐπροφήτευον.

114. Acts 19:10 ✳ γίνομαι, ἔτος, ἀκούω

τοῦτο δὲ ἐγένετο ἐπὶ ἔτη δύο, ὥστε πάντας τοὺς κατοικοῦντας τὴν
Ἀσίαν ἀκοῦσαι τὸν λόγον τοῦ κυρίου, Ἰουδαίους τε καὶ Ἕλληνας.

115. Acts 24:21 ✳ ἀνάστασις, κρίνω, σήμερον

ἢ περὶ μιᾶς ταύτης φωνῆς ἧς ἐκέκραξα ἐν αὐτοῖς ἑστὼς ὅτι Περὶ
ἀναστάσεως νεκρῶν ἐγὼ κρίνομαι σήμερον ἐφ' ὑμῶν.

116. Acts 25:10 ✳ ἵστημι, ἀδικέω, καλῶς

εἶπεν δὲ ὁ Παῦλος, Ἐπὶ τοῦ βήματος[19] Καίσαρος ἑστώς εἰμι, οὗ[20]
με δεῖ κρίνεσθαι. Ἰουδαίους οὐδὲν ἠδίκησα ὡς καὶ σὺ κάλλιον
ἐπιγινώσκεις.

117. Romans 2:10 ✳ τιμή, εἰρήνη, Ἰουδαῖος, τέ

δόξα δὲ καὶ τιμὴ καὶ εἰρήνη παντὶ τῷ ἐργαζομένῳ τὸ ἀγαθόν,
Ἰουδαίῳ τε πρῶτον καὶ Ἕλληνι.

---

19. βῆμα, a step, small place, platform, "tribunal."
20. οὗ, "where."

118. Romans 7:25 ※ δουλεύω, ἁμαρτία, μέν

χάρις δὲ τῷ θεῷ διὰ Ἰησοῦ Χριστοῦ τοῦ κυρίου ἡμῶν. Ἄρα οὖν
αὐτὸς ἐγὼ τῷ μὲν νοΐ[21] δουλεύω νόμῳ θεοῦ τῇ δὲ σαρκὶ νόμῳ
ἁμαρτίας.

119. Romans 10:10 ※ σωτηρία

καρδίᾳ γὰρ πιστεύεται εἰς δικαιοσύνην, στόματι δὲ ὁμολογεῖται εἰς
σωτηρίαν.

120. Romans 13:8 ※ μηδείς, ὀφείλω, ἀλλήλων

Μηδενὶ μηδὲν ὀφείλετε εἰ μὴ τὸ ἀλλήλους ἀγαπᾶν· ὁ γὰρ ἀγαπῶν
τὸν ἕτερον νόμον πεπλήρωκεν.

121. Romans 13:14 ※ ἐνδύω, ἐπιθυμία

ἀλλὰ ἐνδύσασθε τὸν κύριον Ἰησοῦν Χριστὸν καὶ τῆς σαρκὸς
πρόνοιαν[22] μὴ ποιεῖσθε εἰς ἐπιθυμίας.

122. 1 Corinthians 1:2 ※ ἐκκλησία, ἁγιάζω, ἐπικαλέω, τόπος

τῇ ἐκκλησίᾳ τοῦ θεοῦ τῇ οὔσῃ ἐν Κορίνθῳ, ἡγιασμένοις ἐν Χριστῷ
Ἰησοῦ, κλητοῖς[23] ἁγίοις, σὺν πᾶσιν τοῖς ἐπικαλουμένοις τὸ ὄνομα
τοῦ κυρίου ἡμῶν Ἰησοῦ Χριστοῦ ἐν παντὶ τόπῳ, αὐτῶν καὶ ἡμῶν·

---

21. νοῦς, way of thinking, attitude, "mind."
22. πρόνοια, a plan to meet a need, "provision."
23. κλητός, invited, "called."

123. 1 Corinthians 2:5 ✳ πίστις, σοφία

ἵνα ἡ πίστις ὑμῶν μὴ ᾖ ἐν σοφίᾳ ἀνθρώπων ἀλλ᾽ ἐν δυνάμει θεοῦ.

124. 1 Corinthians 7:2 ✳ πορνεία, ἕκαστος

διὰ δὲ τὰς πορνείας ἕκαστος τὴν ἑαυτοῦ γυναῖκα ἐχέτω καὶ
ἑκάστη τὸν ἴδιον ἄνδρα ἐχέτω.

125. 1 Corinthians 8:11 ✳ ἀσθενέω, σός, Χριστός

ἀπόλλυται γὰρ ὁ ἀσθενῶν ἐν τῇ σῇ γνώσει, ὁ ἀδελφὸς δι᾽ ὃν
Χριστὸς ἀπέθανεν.

126. 1 Corinthians 10:31 ✳ εἴτε

εἴτε οὖν ἐσθίετε εἴτε πίνετε εἴτε τι ποιεῖτε, πάντα εἰς δόξαν θεοῦ
ποιεῖτε.

127. 1 Corinthians 12:21 ✳ ὀφθαλμός, χείρ, κεφαλή

οὐ δύναται δὲ ὁ ὀφθαλμὸς εἰπεῖν τῇ χειρί, Χρείαν σου οὐκ ἔχω, ἢ
πάλιν ἡ κεφαλὴ τοῖς ποσίν, Χρείαν ὑμῶν οὐκ ἔχω·

128. 1 Corinthians 12:27 ✳ μέλος, ἐκ

Ὑμεῖς δέ ἐστε σῶμα Χριστοῦ καὶ μέλη ἐκ μέρους.

129. 1 Corinthians 14:37 ✳ πνευματικός

Εἴ τις δοκεῖ προφήτης εἶναι ἢ πνευματικός, ἐπιγινωσκέτω ἃ
γράφω ὑμῖν ὅτι κυρίου ἐστὶν ἐντολή·

130. 1 Corinthians 15:26 ✴ ἔσχατος, ἐχθρός, καταργέω, θάνατος

ἔσχατος ἐχθρὸς καταργεῖται ὁ θάνατος·

131. 2 Corinthians 1:4 ✴ παρακαλέω, θλῖψις

ὁ παρακαλῶν ἡμᾶς ἐπὶ πάσῃ τῇ θλίψει ἡμῶν εἰς τὸ δύνασθαι ἡμᾶς
παρακαλεῖν τοὺς ἐν πάσῃ θλίψει διὰ τῆς παρακλήσεως ἧς
παρακαλούμεθα αὐτοὶ ὑπὸ τοῦ θεοῦ.

132. 2 Corinthians 1:13 ✴ ἀναγινώσκω, τέλος

οὐ γὰρ ἄλλα γράφομεν ὑμῖν ἀλλ᾿ ἢ ἃ ἀναγινώσκετε ἢ καὶ
ἐπιγινώσκετε· ἐλπίζω δὲ ὅτι ἕως τέλους ἐπιγνώσεσθε.

133. 2 Corinthians 1:15 ✴ βούλομαι, δεύτερος

Καὶ ταύτῃ τῇ πεποιθήσει[24] ἐβουλόμην πρότερον[25] πρὸς ὑμᾶς
ἐλθεῖν, ἵνα δευτέραν χάριν σχῆτε.

134. 2 Corinthians 2:2 ✴ εἰ, λυπέω

εἰ γὰρ ἐγὼ λυπῶ ὑμᾶς, καὶ τίς ὁ εὐφραίνων[26] με εἰ μὴ ὁ
λυπούμενος ἐξ ἐμοῦ;

---

24. πεποίθησις, trust, "confidence."
25. πρότερος, earlier, former(ly), "first."
26. εὐφραίνω, to gladden, cheer, be glad, "make glad."

135. 2 Corinthians 4:1 ✳ διακονία, ἐλεέω

Διὰ τοῦτο, ἔχοντες τὴν διακονίαν ταύτην καθὼς ἠλεήθημεν, οὐκ ἐγκακοῦμεν.[27]

136. 2 Corinthians 4:6 ✳ φῶς, καρδία, γνῶσις

ὅτι ὁ θεὸς ὁ εἰπών, Ἐκ σκότους φῶς λάμψει,[28] ὃς ἔλαμψεν[29] ἐν ταῖς καρδίαις ἡμῶν πρὸς φωτισμὸν[30] τῆς γνώσεως τῆς δόξης τοῦ θεοῦ ἐν προσώπῳ [Ἰησοῦ] Χριστοῦ.

137. Galatians 2:16 ✳ δικαιόω, ἔργον

εἰδότες [δὲ] ὅτι οὐ δικαιοῦται ἄνθρωπος ἐξ ἔργων νόμου ἐὰν μὴ διὰ πίστεως Ἰησοῦ Χριστοῦ, καὶ ἡμεῖς εἰς Χριστὸν Ἰησοῦν ἐπιστεύσαμεν, ἵνα δικαιωθῶμεν ἐκ πίστεως Χριστοῦ καὶ οὐκ ἐξ ἔργων νόμου, ὅτι ἐξ ἔργων νόμου οὐ δικαιωθήσεται πᾶσα σάρξ.

138. Galatians 3:16 ✳ ἐπαγγελία, λέγω

τῷ δὲ Ἀβραὰμ ἐρρέθησαν αἱ ἐπαγγελίαι καὶ τῷ σπέρματι αὐτοῦ. οὐ λέγει, Καὶ τοῖς σπέρμασιν, ὡς ἐπὶ πολλῶν ἀλλ' ὡς ἐφ' ἑνός· Καὶ τῷ σπέρματί σου, ὅς ἐστιν Χριστός.

---

27. ἐγκακέω, lose enthusiasm, be discouraged, "we are discouraged."
28. λάμπω, to shine, "will shine."
29. λάμπω, to shine, "shined."
30. φωτισμός, "light."

139. Ephesians 2:4 ✳ πλούσιος, ἀγάπη

ὁ δὲ θεὸς πλούσιος ὢν ἐν ἐλέει, διὰ τὴν πολλὴν ἀγάπην αὐτοῦ ἣν

ἠγάπησεν ἡμᾶς . . .

140. Ephesians 4:21 ✳ γέ, ἀλήθεια

εἴ γε αὐτὸν ἠκούσατε καὶ ἐν αὐτῷ ἐδιδάχθητε, καθώς ἐστιν

ἀλήθεια ἐν τῷ Ἰησοῦ.

141. Ephesians 5:21 ✳ ὑποτάσσω, φόβος

ὑποτασσόμενοι ἀλλήλοις ἐν φόβῳ Χριστοῦ.

142. Ephesians 6:21 ✳ κατά, πράσσω, γνωρίζω, ἀγαπητός, διάκονος

Ἵνα δὲ εἰδῆτε καὶ ὑμεῖς τὰ κατ᾽ ἐμέ, τί πράσσω, πάντα γνωρίσει

ὑμῖν Τύχικος ὁ ἀγαπητὸς ἀδελφὸς καὶ πιστὸς διάκονος ἐν κυρίῳ.

143. Philippians 3:3 ✳ περιτομή, καυχάομαι

ἡμεῖς γάρ ἐσμεν ἡ περιτομή, οἱ πνεύματι θεοῦ λατρεύοντες[31] καὶ

καυχώμενοι ἐν Χριστῷ Ἰησοῦ καὶ οὐκ ἐν σαρκὶ πεποιθότες.

144. 1 Thessalonians 5:5 ✳ νύξ, σκότος

πάντες γὰρ ὑμεῖς υἱοὶ φωτός ἐστε καὶ υἱοὶ ἡμέρας. Οὐκ ἐσμὲν

νυκτὸς οὐδὲ σκότους·

---

31. λατρεύω, to serve, worship, "the ones who worship."

145. 1 Thessalonians 5:16 ✲ πάντοτε, χαίρω

Πάντοτε χαίρετε.

146. 1 Thessalonians 5:18 ✲ εὐχαριστέω, θέλημα

ἐν παντὶ εὐχαριστεῖτε· τοῦτο γὰρ θέλημα θεοῦ ἐν Χριστῷ Ἰησοῦ εἰς ὑμᾶς.

147. 2 Thessalonians 2:16 ✲ ἀγαπάω, παράκλησις, ἐλπίς, ἀγαθός

Αὐτὸς δὲ ὁ κύριος ἡμῶν Ἰησοῦς Χριστὸς καὶ [ὁ] θεὸς ὁ πατὴρ ἡμῶν ὁ ἀγαπήσας ἡμᾶς καὶ δοὺς παράκλησιν αἰωνίαν καὶ ἐλπίδα ἀγαθὴν ἐν χάριτι . . .

148. 1 Timothy 1:20 ✲ παραδίδωμι, βλασφημέω

ὧν ἐστιν Ὑμέναιος καὶ Ἀλέξανδρος, οὓς παρέδωκα τῷ Σατανᾷ, ἵνα παιδευθῶσιν[32] μὴ βλασφημεῖν.

149. 1 Timothy 3:9 ✲ μυστήριον, καθαρός, συνείδησις

ἔχοντας τὸ μυστήριον τῆς πίστεως ἐν καθαρᾷ συνειδήσει.

150. Hebrews 5:3 ✲ καθώς, προσφέρω

καὶ δι᾽ αὐτὴν ὀφείλει, καθὼς περὶ τοῦ λαοῦ, οὕτως καὶ περὶ αὐτοῦ προσφέρειν περὶ ἁμαρτιῶν.

---

32. παιδεύω, to educate, discipline, "they might learn."

151. Hebrews 8:8 ✳ διαθήκη, καινός

μεμφόμενος[33] γὰρ αὐτοὺς λέγει, Ἰδοὺ ἡμέραι ἔρχονται, λέγει κύριος, καὶ συντελέσω[34] ἐπὶ τὸν οἶκον Ἰσραὴλ καὶ ἐπὶ τὸν οἶκον Ἰούδα διαθήκην καινήν.

152. Hebrews 13:12 ✳ διό, ἴδιος, ἔξω

διὸ καὶ Ἰησοῦς, ἵνα ἁγιάσῃ διὰ τοῦ ἰδίου αἵματος τὸν λαόν, ἔξω τῆς πύλης[35] ἔπαθεν.

153. Hebrews 13:24 ✳ ἀσπάζομαι, ἡγέομαι

Ἀσπάσασθε πάντας τοὺς ἡγουμένους ὑμῶν καὶ πάντας τοὺς ἁγίους. ἀσπάζονται ὑμᾶς οἱ ἀπὸ τῆς Ἰταλίας.

154. James 1:20 ✳ ὀργή, ἀνήρ, ἐργάζομαι

ὀργὴ γὰρ ἀνδρὸς δικαιοσύνην θεοῦ οὐκ ἐργάζεται.

155. James 2:23 ✳ πληρόω, λογίζομαι, φίλος

καὶ ἐπληρώθη ἡ γραφὴ ἡ λέγουσα, Ἐπίστευσεν δὲ Ἀβραὰμ τῷ θεῷ, καὶ ἐλογίσθη αὐτῷ εἰς δικαιοσύνην καὶ φίλος θεοῦ ἐκλήθη.

---

33. μέμφομαι, to find fault with, blame, "finding fault."
34. συντελέω, to bring to an end, carry out, fulfill, "I will enact."
35. πύλη, door, "gate."

156. James 2:26 ✳ ὥσπερ, πνεῦμα νεκρός

ὥσπερ γὰρ τὸ σῶμα χωρὶς πνεύματος νεκρόν ἐστιν, οὕτως καὶ ἡ πίστις χωρὶς ἔργων νεκρά ἐστιν.

157. 1 Peter 1:21 ✳ διά, πιστός, δόξα

τοὺς δι᾽ αὐτοῦ πιστοὺς εἰς θεὸν τὸν ἐγείραντα αὐτὸν ἐκ νεκρῶν καὶ δόξαν αὐτῷ δόντα, ὥστε τὴν πίστιν ὑμῶν καὶ ἐλπίδα εἶναι εἰς θεόν.

158. 2 Peter 2:15 ✳ ὅς, μισθός, ἀδικία

καταλείποντες[36] εὐθεῖαν[37] ὁδὸν ἐπλανήθησαν, ἐξακολουθήσαντες[38] τῇ ὁδῷ τοῦ Βαλαὰμ τοῦ Βοσόρ, ὃς μισθὸν ἀδικίας ἠγάπησεν.

159. 1 John 3:2 ✳ οὔπω, φανερόω, ὅμοιος

Ἀγαπητοί, νῦν τέκνα θεοῦ ἐσμεν, καὶ οὔπω ἐφανερώθη τί ἐσόμεθα. οἴδαμεν ὅτι ἐὰν φανερωθῇ, ὅμοιοι αὐτῷ ἐσόμεθα, ὅτι ὀψόμεθα αὐτὸν καθώς ἐστιν.

160. 1 John 3:6 ✳ ἁμαρτάνω

πᾶς ὁ ἐν αὐτῷ μένων οὐχ ἁμαρτάνει· πᾶς ὁ ἁμαρτάνων οὐχ ἑώρακεν αὐτὸν οὐδὲ ἔγνωκεν αὐτόν.

---

36. καταλείπω, to leave, forsake, abandon, "forsaking."
37. εὐθύς, straight, proper, "right."
38. ἐξακολουθέω, to obey, follow, pursue, "following."

161. 1 John 4:15 ✳ ἐάν[II], ὁμολογέω

ὃς ἐὰν ὁμολογήσῃ ὅτι Ἰησοῦς ἐστιν ὁ υἱὸς τοῦ θεοῦ, ὁ θεὸς ἐν αὐτῷ μένει καὶ αὐτὸς ἐν τῷ θεῷ.

162. Revelation 2:2* ✳ βαστάζω, κακός

Οἶδα τὰ ἔργα σου καὶ τὸν κόπον[39] καὶ τὴν ὑπομονήν σου καὶ ὅτι οὐ δύνῃ βαστάσαι κακούς.

163. Revelation 2:13 ✳ θρόνος, ἀρνέομαι, μάρτυς, ἀποκτείνω

Οἶδα ποῦ κατοικεῖς, ὅπου ὁ θρόνος τοῦ Σατανᾶ, καὶ κρατεῖς τὸ ὄνομά μου καὶ οὐκ ἠρνήσω τὴν πίστιν μου καὶ ἐν ταῖς ἡμέραις Ἀντιπᾶς ὁ μάρτυς μου ὁ πιστός μου, ὃς ἀπεκτάνθη παρ᾽ ὑμῖν, ὅπου ὁ Σατανᾶς κατοικεῖ.

164. Revelation 3:4 ✳ λευκός, ἄξιος

ἀλλὰ ἔχεις ὀλίγα ὀνόματα ἐν Σάρδεσιν ἃ οὐκ ἐμόλυναν[40] τὰ ἱμάτια αὐτῶν, καὶ περιπατήσουσιν μετ᾽ ἐμοῦ ἐν λευκοῖς, ὅτι ἄξιοί εἰσιν.

165. Revelation 3:21 ✳ νικάω, καθίζω

ὁ νικῶν δώσω αὐτῷ καθίσαι μετ᾽ ἐμοῦ ἐν τῷ θρόνῳ μου, ὡς κἀγὼ ἐνίκησα καὶ ἐκάθισα μετὰ τοῦ πατρός μου ἐν τῷ θρόνῳ αὐτοῦ.

---

39. κόπος, trouble, difficulty, work, labor, "toil."
40. μολύνω, to stain, soil, "have defiled."

166. Revelation 5:4 ✳ κλαίω, βιβλίον

καὶ ἔκλαιον πολύ, ὅτι οὐδεὶς ἄξιος εὑρέθη ἀνοῖξαι τὸ βιβλίον οὔτε βλέπειν αὐτό.

167. Revelation 7:1 ✳ ἄνεμος

Μετὰ τοῦτο εἶδον τέσσαρας ἀγγέλους ἑστῶτας ἐπὶ τὰς τέσσαρας γωνίας[41] τῆς γῆς, κρατοῦντας τοὺς τέσσαρας ἀνέμους τῆς γῆς ἵνα μὴ πνέῃ[42] ἄνεμος ἐπὶ τῆς γῆς μήτε ἐπὶ τῆς θαλάσσης μήτε ἐπὶ πᾶν δένδρον.

168. Revelation 12:8 ✳ ἰσχύω, οὐδέ, ἔτι

καὶ οὐκ ἴσχυσεν οὐδὲ τόπος εὑρέθη αὐτῶν ἔτι ἐν τῷ οὐρανῷ.

169. Revelation 13:13 ✳ πῦρ

καὶ ποιεῖ σημεῖα μεγάλα, ἵνα καὶ πῦρ ποιῇ ἐκ τοῦ οὐρανοῦ καταβαίνειν εἰς τὴν γῆν ἐνώπιον τῶν ἀνθρώπων.

170. Revelation 14:12 ✳ ὧδε, ὑπομονή, ἐντολή

Ὧδε ἡ ὑπομονὴ τῶν ἁγίων ἐστίν, οἱ τηροῦντες τὰς ἐντολὰς τοῦ θεοῦ καὶ τὴν πίστιν Ἰησοῦ.

---

41. γωνία, corner, "corners."
42. πνέω, to breath out, blow, "would blow."

171. Revelation 17:10 ✳ πέντε, ὀλίγος

οἱ πέντε ἔπεσαν, ὁ εἷς ἔστιν, ὁ ἄλλος οὔπω ἦλθεν, καὶ ὅταν ἔλθῃ ὀλίγον αὐτὸν δεῖ μεῖναι.

172. Revelation 18:2 ✳ ἰσχυρός, ἀκάθαρτος, θηρίον, μισέω

καὶ ἔκραξεν ἐν ἰσχυρᾷ φωνῇ λέγων, Ἔπεσεν ἔπεσεν Βαβυλὼν ἡ μεγάλη, καὶ ἐγένετο κατοικητήριον[43] δαιμονίων καὶ φυλακὴ παντὸς πνεύματος ἀκαθάρτου καὶ φυλακὴ παντὸς ὀρνέου[44] ἀκαθάρτου [καὶ φυλακὴ παντὸς θηρίου ἀκαθάρτου] καὶ μεμισημένου.

---

43. κατοικητήριον, "dwelling place."
44. ὄρνεον, "bird."

Greek-English Lexicon

This lexicon contains all Greek words that occur 25 times or more in the Greek New Testament, including proper nouns. Its contents were graciously provided by William D. Mounce. Principal parts of forms found in the New Testament are included with each verbal entry. Verbal forms appearing in parenthesis are the imperfect conjugation.

Ἀβραάμ, ὁ	Abraham
ἀγαθός, -ή, -όν	good, useful
ἀγαπάω	to love, cherish (ἠγάπων), ἀγαπήσω, ἠγάπησα, ἠγάπηκα, ἠγάπημαι, ἠγαπήθην
ἀγάπη, -ης, ἡ	love
ἀγαπητός, -ή, -όν	beloved
ἄγγελος, -ου, ὁ	angel; messenger
ἁγιάζω	to consecrate, sanctify –, ἡγίασα, –, ἡγίασμαι, ἡγιάσθην
ἅγιος, -ία, -ιον	adj: holy; pl noun: saints
ἀγοράζω	to buy (ἠγόραζον), –, ἠγόρασα, –, ἠγόρασμαι, ἠγοράσθην
ἀγρός, -οῦ, ὁ	field, land
ἄγω	to lead, bring, arrest (ἦγον), ἄξω, ἤγαγον, –, –, ἤχθην
ἀδελφή, -ῆς, ἡ	sister
ἀδελφός, -οῦ, ὁ	brother
ἀδικέω	to do wrong, injure ἀδικήσω, ἠδίκησα, –, –, ἠδικήθην
ἀδικία, -ας, ἡ	unrighteousness
Αἴγυπτος, -ου, ἡ	Egypt
αἷμα, -ατος, τό	blood
αἴρω	to raise, take up, take away ἀρῶ, ἦρα, ἦρκα, ἦρμαι, ἤρθην
αἰτέω	to ask; demand (ᾔτουν), αἰτήσω, ᾔτησα, ᾔτηκα, –, –
αἰών, -ῶνος, ὁ	age, eternity
αἰώνιος, -ον	eternal
ἀκάθαρτος, -ον	unclean, impure
ἀκολουθέω	to follow; accompany (ἠκολούθουν), ἀκολουθήσω, ἠκολούθησα, ἠκολούθηκα, –, –

ἀκούω	to hear; learn, obey; understand
	(ἤκουον), ἀκούσω, ἤκουσα, ἀκήκοα, –, ἠκούσθην
ἀλήθεια, -ας, ἡ	truth
ἀληθής, -ές	true, truthful
ἀληθινός, -ή, -όν	true, genuine
ἀλλά	but, yet; rather
ἀλλήλων	one another
ἄλλος, -η, -ο	other, another
ἁμαρτάνω	to sin
	ἁμαρτήσω, ἤμαρτον or ἡμάρτησα, ἡμάρτηκα, –, –
ἁμαρτία, -ας, ἡ	sin
ἁμαρτωλός, -όν	adj: sinful; noun: sinner
ἀμήν	verily, truly, amen, so let it be
ἄν	Untranslatable. Makes a statement indefinite.
ἀναβαίνω	to go up
	(ἀνέβαινον), ἀναβήσομαι, ἀνέβην, ἀναβέβηκα, –, –
ἀναβλέπω	to look up, receive sight
	–, ἀνέβλεψα –, –, –
ἀναγινώσκω	to read
	(ἀνεγίνωσκον), –, ἀνέγνων, –, –, ἀνεγνώσθην
ἀνάστασις, -εως, ἡ	resurrection
ἄνεμος, -ου, ὁ	wind
ἀνήρ, ἀνδρός, ὁ	male, husband; man
ἄνθρωπος, -ου, ὁ	man; person, human being; people, humankind
ἀνίστημι	intrans: to rise, get up; trans: to raise
	ἀναστήσω, ἀνέστησα, –, –, –
ἀνοίγω	to open
	ἀνοίξω, ἤνέῳξα, ἀνέῳγα, ἀνέῳγμαι, ἠνεῴχθην or ἠνοίγην
ἄξιος, -ια, -ον	worthy
ἀπαγγέλλω	to report; tell
	(ἀπήγγελλον), ἀπαγγελῶ, ἀπήγγειλα, –, –, ἀπηγγέλην
ἅπας, -ασα, -αν	all, whole; everything

ἀπέρχομαι	to depart ἀπελεύσομαι, ἀπῆλθον, ἀπελήλυθα, –, –
ἀπό	gen: (away) from
ἀποδίδωμι	active: to pay, recompense; middle: to sell (ἀπεδίδουν), ἀποδώσω, ἀπέδωκα, –, –, ἀπεδόθην
ἀποθνῄσκω	to die, be about to die; be freed from (ἀπέθνῃσκον), ἀποθανοῦμαι, ἀπέθανον, –, –, –
ἀποκαλύπτω	to reveal ἀποκαλύψω, ἀπεκάλυψα, –, –, ἀπεκαλύφθην
ἀποκρίνομαι	to answer –, ἀπεκρινάμην, –, –, ἀπεκρίθην
ἀποκτείνω	to kill ἀποκτενῶ, ἀπέκτεινα, –, –, ἀπεκτάνθην
ἀπόλλυμι	active: to destroy, kill; middle: to perish, die (ἀπώλλυον), ἀπολέσω or ἀπολῶ, ἀπώλεσα, ἀπόλωλα, –, –
ἀπολύω	to release (ἀπέλυον), ἀπολύσω, ἀπέλυσα, –, ἀπολέλυμαι, ἀπελύθην
ἀποστέλλω	to send (away) ἀποστελῶ, ἀπέστειλα, ἀπέσταλκα, ἀπέσταλμαι, ἀπεστάλην
ἀπόστολος, -ου, ὁ	apostle; envoy, messenger
ἅπτω	active: to kindle; middle: to touch, take hold of –, ἧψα, –, –, –
ἄρα	then, therefore
ἀρνέομαι	to deny (ἠρνούμην), ἀρνήσομαι, ἠρνησάμην, –, ἤρνημαι, –
ἀρνίον, -ου, τό	sheep, lamb
ἄρτι	now
ἄρτος, -ου, ὁ	bread, loaf, food
ἀρχή, -ῆς, ἡ	beginning; ruler
ἀρχιερεύς, -έως, ὁ	chief priest, high priest
ἄρχω	to begin ἄρξομαι, ἠρξάμην, –, –, –
ἄρχων, -οντος, ὁ	ruler, official

ἀσθενέω	to be sick, be weak (ἠσθενοῦν), –, ἠσθένησα, ἠσθένηκα, –, –
ἀσθενής, -ές	weak, sick
ἀσπάζομαι	to greet, salute (ἠσπαζόμην), –, ἠσπασάμην, –, –, –
αὐτός, -ή, -ό	he, she, it (him, her); they (them)
ἀφίημι	to let go, leave, permit; forgive (ἤφιε, 3 sg), ἀφήσω, ἀφῆκα, –, ἀφέωμαι, ἀφέθην
ἄχρι, ἄχρις	prep (gen): until, as far as; conj: until
βάλλω	to throw (ἔβαλλον), βαλῶ, ἔβαλον, βέβληκα, βέβλημαι, ἐβλήθην
βαπτίζω	to baptize; dip, immerse (ἐβάπτιζον), βαπτίσω, ἐβάπτισα, –, βεβάπτισμαι, ἐβαπτίσθην
Βαρναβᾶς, -ᾶ, ὁ	Barnabas
βασιλεία, -ας, ἡ	kingdom
βασιλεύς, -έως, ὁ	king
βαστάζω	to bear, carry (ἐβάσταζον), βαστάσω, ἐβάστασα, –, –, –
βιβλίον, -ου, τό	scroll, book
βλασφημέω	to blaspheme, revile (ἐβλασφήμουν), –, ἐβλασφήμησα, –, –, βλασφημηθήσομαι
βλέπω	to see, look at (ἔβλεπον), βλέψω, ἔβλεψα, –, –, –
βούλομαι	to wish, want, desire; intend, plan (ἐβουλόμην), –, –, –, –, ἐβουλήθην
Γαλιλαία, -ας, ἡ	Galilee
γαμέω	to marry (ἐγάμουν), –, ἔγημα or ἐγάμησα, γεγάμηκα, –, ἐγαμήθην
γάρ	for; then
γέ	indeed, at least, even
γενεά, -ᾶς, ἡ	generation

γεννάω	to beget, give birth to; produce γεννήσω, ἐγέννησα, γεγέννηκα, γεγέννημαι, ἐγεννήθην
γῆ, γῆς, ἡ	earth, land, region, humanity
γίνομαι	to become, take place; be, exist; be born, be created (ἐγινόμην), γενήσομαι, ἐγενόμην, γέγονα, γεγένημαι, ἐγενήθην
γινώσκω	to know, come to know, realize, learn (ἐγίνωσκον), γνώσομαι, ἔγνων, ἔγνωκα, ἔγνωσμαι, ἐγνώσθην
γλῶσσα, -ης, ἡ	tongue, language
γνωρίζω	to make known γνωρίσω, ἐγνώρισα, –, –, ἐγνωρίσθην
γνῶσις, -εως, ἡ	knowledge
γραμματεύς, -έως, ὁ	scribe
γραφή, -ῆς, ἡ	writing; Scripture
γράφω	to write (ἔγραφον), γράψω, ἔγραψα, γέγραφα, γέγραπμαι or γέγραμμαι, ἐγράφην
γυνή, γυναικός, ἡ	woman; wife
δαιμόνιον, -ου, τό	demon
Δαυίδ, ὁ	David
δέ	but; and
δεῖ	it is necessary (ἔδει), –, –, –, –, –
δείκνυμι	to show, explain δείξω, ἔδειξα, δέδειχα, –, ἐδείχθην
δέκα	ten
δένδρον, -ου, τό	tree
δεξιός, -ά, -όν	right
δεύτερος, -α, -ον	second
δέχομαι	to take, receive δέξομαι, ἐδεξάμην, –, δέδεγμαι, ἐδέχθην
δέω	to bind –, ἔδησα, δέδεκα, δέδεμαι, ἐδέθην

διά   gen: through; acc: on account of

διάβολος, -ον   adjective: slanderous; noun: the devil

διαθήκη, -ης, ἡ   covenant, testament, will

διακονέω   to serve
                             (διηκόνουν), διακονήσω, διηκόνησα, –, –, διηκονήθην

διακονία, -ας, ἡ   service

διάκονος, -ου, ὁ or ἡ assistant, servant, deacon

διδάσκαλος, -ου, ὁ   teacher

διδάσκω   to teach
                             (ἐδίδασκον), διδάξω, ἐδίδαξα, –, –, ἐδιδάχθην

διδαχή, -ῆς, ἡ   teaching

δίδωμι   to give; entrust
                             (ἐδίδουν), δώσω, ἔδωκα, δέδωκα, δέδομαι, ἐδόθην

διέρχομαι   to go through
                             (διηρχόμην), διελεύσομαι, διῆλθον, διελήλυθα, –, –

δίκαιος, -αία, -ον   right, just, righteous

δικαιοσύνη, -ης, ἡ   righteousness

δικαιόω   to justify; vindicate
                             δικαιώσω, ἐδικαίωσα, –, δεδικαίωμαι, ἐδικαιώθην

διό   therefore, for this reason

διώκω   to persecute, pursue
                             (ἐδίωκον), διώξω, ἐδίωξα, –, δεδίωγμαι, διωχθήσομαι

δοκέω   to think, seem
                             (ἐδόκουν), – , ἔδοξα, –, –, –

δόξα, -ης, ἡ   glory, majesty, fame

δοξάζω   to praise, honor, glorify
                             (ἐδόξαζον), δοξάσω, ἐδόξασα, –, δεδόξασμαι, ἐδοξάσθην

δουλεύω   to serve, obey, be a slave
                             δουλεύσω, ἐδούλευσα, δεδούλευκα, –, –

δοῦλος, -ου, ὁ   slave; servant

δύναμαι   to be able, be powerful
                             (ἐδυνάμην or ἠδυνάμην), δυνήσομαι, –, –, –, ἠδυνήθην

δύναμις, -εως, ἡ   power; miracle

δυνατός, -ή, -όν	able, capable, possible
δύο	two
δώδεκα	twelve
ἐάν	if; when (ἐάν^I); untranslated particle of possibility changing "who" or "what" to "whoever" or "whatever" (ἐάν^{II})
ἑαυτοῦ, -ῆς, -οῦ	singular: himself/herself/itself; plural: themselves
ἐγγίζω	to come near, approach (ἤγγιζον), ἐγγιῶ, ἤγγισα, ἤγγικα, –, –
ἐγγύς	near
ἐγείρω	to raise up, wake ἐγερῶ, ἤγειρα, –, ἐγήγερμαι, ἠγέρθην
ἐγώ	I
ἔθνος, -ους, τό	sg: nation pl: the gentiles
εἰ	if; with μή: except, if not
εἰμί	to be, exist, live, be present (ἤμην), ἔσομαι, –, –, –, –
εἰρήνη, -ης, ἡ	peace
εἰς	acc: into; in, among
εἶπεν	he/she/it said (see λέγω)
εἷς, μία, ἕν	one
εἰσέρχομαι	to come in(to); go in(to), enter εἰσελεύσομαι, εἰσῆλθον, εἰσελήλυθα, –, –
εἴτε	if, whether
ἐκ (ἐξ)	gen: from, out of
ἕκαστος, -η, -ον	each, every
ἐκβάλλω	to cast out, send out (ἐξέβαλλον), ἐκβαλῶ, ἐξέβαλον, –, –, ἐξεβλήθην
ἐκεῖ	there, in that place
ἐκεῖθεν	from there
ἐκεῖνος, -η, -ο	singular: that man/woman/thing; plural: those men/women/things
ἐκκλησία, -ας, ἡ	a church, (the) Church; assembly, congregation

ἐκπορεύομαι   to go out, come out
                (ἐξεπορευόμην), ἐκπορεύσομαι, –, –, –, –

ἐλεέω   to have mercy
                ἐλεήσω, ἠλέησα, –, ἠλέημαι, ἠλεήθην

ἔλεος, -ους, τό   mercy, compassion

Ἕλλην, -ηνος, ὁ   Greek

ἐλπίζω   to hope
                (ἤλπιζον), ἐλπιῶ, ἤλπισα, ἤλπικα, –, –

ἐλπίς, -ίδος, ἡ   hope, expectation

ἐμαυτοῦ, -ῆς, -οῦ   myself, my own, of my own accord

ἐμός, ἐμή, ἐμόν   my, mine

ἔμπροσθεν   gen: in front of, before

ἐν   dat: in; on; among

ἐνδύω   to put on, clothe
                –, ἐνέδυσα, –, ἐνδέδυμαι, –

ἐντολή, -ῆς, ἡ   commandment

ἐνώπιον   gen: before

ἐξέρχομαι   to go out
                (ἐξηρχόμην), ἐξελεύσομαι, ἐξῆλθον, ἐξελήλυθα, –, –

ἔξεστιν   it is lawful, it is right

ἐξουσία, -ας, ἡ   authority, power

ἔξω   adverb: without; prep (gen): outside

ἑορτή, -ῆς, ἡ   festival, holiday; feast

ἐπαγγελία, -ας, ἡ   promise

ἐπεί   because, since

ἐπερωτάω   to ask (for)
                (ἐπηρώτων), ἐπερωτήσω, ἐπηρώτησα, –, –, ἐπηρωτήθην

ἐπί   gen: on, over, when; dat: on the basis of, at; acc: on, to, against

ἐπιγινώσκω   to know, come to know; recognize
                (ἐπεγίνωσκον), ἐπιγινώσομαι, ἐπέγνων, ἐπέγνωκα, –, ἐπεγνώσθην

ἐπιθυμία, -ας, ἡ   lust, desire, covetousness

ἐπικαλέω   active: to name; middle: to call upon, appeal to
                   –, ἐπεκάλεσα, –, ἐπικέκλημαι, ἐπεκλήθην

ἐπιστρέφω   to turn, return
                   ἐπιστρέψω, ἐπέστρεψα, –, –, ἐπεστράφην

ἐπιτίθημι   to lay upon
                   (ἐπετίθουν), ἐπιθήσω, ἐπέθηκα, –, –, –

ἐπιτιμάω   to rebuke, warn
                   (ἐπετίμων), –, ἐπετίμησα, –, –, –

ἑπτά   seven

ἐργάζομαι   to work, do
                   (ἠργαζόμην), –, ἠργασάμην, –, εἴργασμαι, –

ἔργον, -ου, τό   work; deed, action

ἔρημος, -ον   adj: deserted, desolate; noun: desert, wilderness

ἔρχομαι   to come; go
                   (ἠρχόμην), ἐλεύσομαι, ἦλθον or ἦλθα, ἐλήλυθα, –, –

ἐρωτάω   to ask; request
                   (ἠρώτων), ἐρωτήσω, ἠρώτησα, –, –, ἠρωτήθην

ἐσθίω   to eat
                   (ἤσθιον), φάγομαι, ἔφαγον, –, –, –

ἔσχατος, -η, -ον   last

ἕτερος, -α, -ον   other; another, different

ἔτι   still, yet, even

ἑτοιμάζω   to prepare
                   –, ἡτοίμασα, ἡτοίμακα, ἡτοίμασμαι, ἡτοιμάσθην

ἔτος, -ους, τό   year

εὐαγγελίζω   to bring good news; preach
                   (εὐηγγέλιζον), –, εὐηγγέλισα, –, εὐηγγέλισμαι,
                   εὐηγγελίσθην

εὐαγγέλιον, -ου, τό good news, gospel

εὐθέως   immediately

εὐθύς   immediately

εὐλογέω   to bless
                   εὐλογήσω, εὐλόγησα, εὐλόγηκα, εὐλόγημαι, –

εὑρίσκω	to find (εὕρισκον or ηὕρισκον), εὑρήσω, εὗρον, εὕρηκα, –, εὑρέθην
εὐχαριστέω	to give thanks –, εὐχαρίστησα or ηὐχαρίστησα, –, –, εὐχαριστήθην
ἔφη	he/she/it was saying; he/she/it said (see φημί)
ἐχθρός, -ά, -όν	adj: hostile; noun: enemy
ἔχω	to have, hold (εἶχον), ἕξω, ἔσχον, ἔσχηκα, –, –
ἕως	conj: until; prep (gen): as far as
ζάω	to live (ἔζων), ζήσω, ἔζησα, –, –, –
ζητέω	to seek, desire, try to obtain (ἐζήτουν), ζητήσω, ἐζήτησα, –, –, ἐζητήθην
ζωή, -ῆς, ἡ	life
ἤ	or; than
ἡγέομαι	to consider, think, lead –, ἡγησάμην, –, ἥγημαι, –
ἤδη	now, already
ἥκω	to have come ἥξω, ἦξα, ἧκα, –, –
Ἠλίας, -ου, ὁ	Elijah
ἥλιος, -ου, ὁ	sun
ἡμεῖς	we
ἡμέρα, -ας, ἡ	day
ἦν	he/she/it was
Ἡρῴδης, -ου, ὁ	Herod
θάλασσα, -ης, ἡ	sea, lake
θάνατος, -ου, ὁ	death
θαυμάζω	to marvel, wonder at (ἐθαύμαζον), –, ἐθαύμασα, –, –, ἐθαυμάσθην
θέλημα, -ατος, τό	will, desire
θέλω	to wish, desire; enjoy (ἤθελον), –, ἠθέλησα, –, –, –

θεός, -οῦ, ὁ	God, god
θεραπεύω	to heal (ἐθεράπευον), θεραπεύσω, ἐθεράπευσα, –, τεθεράπευμαι, ἐθεραπεύθην
θεωρέω	to look at; perceive (ἐθεώρουν), θεωρήσω, ἐθεώρησα, –, –, –
θηρίον, -ου, τό	animal, beast
θλῖψις, -εως, ἡ	affliction, tribulation
θρόνος, -ου, ὁ	throne
θυγάτηρ, -τρός, ἡ	daughter
θύρα, -ας, ἡ	door
θυσία, -ας, ἡ	sacrifice, offering
Ἰακώβ, ὁ	Jacob
Ἰάκωβος, -ου, ὁ	James
ἰάομαι	to heal (ἰώμην), ἰάσομαι, ἰασάμην, –, ἴαμαι, ἰάθην
ἴδε	See! Behold!
ἴδιος, ἴδια, ἴδιον	one's own
ἰδού	See! Behold!
ἱερεύς, -έως, ὁ	priest
ἱερόν, -οῦ, τό	temple
Ἱεροσόλυμα, τά	Jerusalem
Ἱερουσαλήμ, ἡ	Jerusalem
Ἰησοῦς, -οῦ, ὁ	Jesus, Joshua
ἱκανός, -ή, -όν	considerable, many, able, sufficient, adequate
ἱμάτιον, -ου, τό	garment, cloak
ἵνα	in order that; that; so that
Ἰουδαία, -ας, ἡ	Judea
Ἰουδαῖος, -αία, -αῖον	adj: Jewish; noun: Jew
Ἰούδας, -α, ὁ	Judas, Judah
Ἰσραήλ, ὁ	Israel

ἵστημι	intrans: to stand; trans: to cause to stand (ἵστην), στήσω, ἔστησα or ἔστην, ἕστηκα, –, ἐστάθην
ἰσχυρός, -ά, -όν	strong
ἰσχύω	to have power, be able (ἴσχυον), ἰσχύσω, ἴσχυσα, –, –, –
Ἰωάννης, -ου, ὁ	John
Ἰωσήφ, ὁ	Joseph
κἀγώ	and I, but I
καθαρίζω	to cleanse, purify καθαριῶ, ἐκαθάρισα, –, κεκαθάρισμαι, ἐκαθαρίσθην
καθαρός, -ά, -όν	pure, clean
κάθημαι	to sit (down); live (ἐκαθήμην), καθήσομαι, –, –, –, –
καθίζω	to sit down, seat καθίσω, ἐκάθισα, κεκάθικα, –, –
καθώς	as, even as
καί	and; even, also; namely
καινός, -ή, -όν	new
καιρός, -οῦ, ὁ	(appointed) time, season
Καῖσαρ, -ος, ὁ	Caesar
κακός, -ή, -όν	bad, evil
καλέω	to call, name, invite (ἐκάλουν), καλέσω, ἐκάλεσα, κέκληκα, κέκλημαι, ἐκλήθην
καλός, -ή, -όν	good; beautiful
καλῶς	well, commendably
καρδία, -ας, ἡ	heart; inner self
καρπός, -οῦ, ὁ	fruit, crop; result
κατά	gen: down from, against; acc: according to, through- out, during
καταβαίνω	to go down, come down (κατέβαινον), καταβήσομαι, κατέβην, καταβέβηκα, –, –

καταργέω	to abolish, nullify καταργήσω, κατήργησα, κατήργηκα, κατήργημαι, κατηργήθην
κατοικέω	to inhabit, dwell –, κατῴκησα, –, –, –
καυχάομαι	to boast καυχήσομαι, ἐκαυχησάμην, –, κεκαύχημαι, –
κελεύω	to command, order (ἐκέλευον), –, ἐκέλευσα, –, –, –
κεφαλή, -ῆς, ἡ	head
κηρύσσω	to proclaim; preach (ἐκήρυσσον), –, ἐκήρυξα, –, –, ἐκηρύχθην
κλαίω	to weep (ἔκλαιον), κλαύσω, ἔκλαυσα, –, –, –
κόσμος, -ου, ὁ	world, universe; humankind
κράζω	to cry out, call out (ἔκραζον), κράξω, ἔκραξα, κέκραγα, –, –
κρατέω	to seize, hold (ἐκράτουν), κρατήσω, ἐκράτησα, κεκράτηκα, κεκράτημαι, –
κρίμα, -ατος, τό	judgment
κρίνω	to judge, decide, prefer (ἐκρινόμην), κρινῶ, ἔκρινα, κέκρικα, κέκριμαι, ἐκρίθην
κρίσις, -εως, ἡ	judgment
κύριος, -ου, ὁ	Lord; lord, master, sir
κώμη, -ης, ἡ	village
λαλέω	to speak, say (ἐλάλουν), λαλήσω, ἐλάλησα, λελάληκα, λελάλημαι, ἐλαλήθην
λαμβάνω	to take; receive (ἐλάμβανον), λήμψομαι, ἔλαβον, εἴληφα, εἴλημμαι, ἐλήμφθην
λαός, -οῦ, ὁ	people, crowd

λέγω	to say, speak (ἔλεγον), ἐρῶ, εἶπον or εἶπα, εἴρηκα, εἴρημαι, ἐρρέθην or ἐρρήθην
λευκός, -ή, -όν	white
λίθος, -ου, ὁ	stone
λογίζομαι	to reckon, think (ἐλογιζόμην), –, ἐλογισάμην, –, –, ἐλογίσθην
λόγος, -ου, ὁ	word, Word; statement, message
λοιπός, -ή, -όν	adj: remaining; noun: (the) rest; adverb: for the rest, henceforth
λυπέω	to grieve –, ἐλύπησα, λελύπηκα, –, ἐλυπήθην
λύω	to loose, untie, destroy (ἔλυον), λύσω, ἔλυσα, –, λέλυμαι, ἐλύθην
μαθητής, -οῦ, ὁ	disciple
μακάριος, -ία, -ον	blessed, happy
μᾶλλον	more, rather
μανθάνω	to learn –, ἔμαθον, μεμάθηκα, –, –
Μαρία, -ας, ἡ	Mary
Μαριάμ, ἡ	Mary
μαρτυρέω	to bear witness, testify (ἐμαρτύρουν), μαρτυρήσω, ἐμαρτύρησα, μεμαρτύρηκα, μεμαρτύρημαι, ἐμαρτυρήθην
μαρτυρία, -ας, ἡ	testimony
μάρτυς, -υρος, ὁ	witness
μάχαιρα, -ης, ἡ	(short) sword, dagger
μέγας, μεγάλη, μέγα	large; great
μείζων, –ον	greater
μέλλω	to be about to (ἔμελλον or ἤμελλον), μελλήσω, –, –, –, –
μέλος, -ους, τό	member, part
μέν	on the one hand; indeed

μένω	to remain, live
	(ἔμενον), μενῶ, ἔμεινα, μεμένηκα, –, –
μέρος, -ους, τό	part
μέσος, -η, -ον	middle, in the midst
μετά	gen: with; acc: after
μετανοέω	to repent
	μετανοήσω, μετενόησα, –, –, –
μή	not, lest
μηδέ	but not, nor, not even
μηδείς, μηδεμία, μηδέν	no one, nothing
μήποτε	lest
μήτε	and not, neither, nor
μήτηρ, μητρός, ἡ	mother
μικρός, -ά, -όν	small, little
μισέω	to hate
	(ἐμίσουν), μισήσω, ἐμίσησα, μεμίσηκα, μεμίσημαι, –
μισθός, -οῦ, ὁ	wages, reward
μνημεῖον, -ου, τό	grave, tomb
μόνος, -η, -ον	alone, only
μυστήριον, -ου, τό	mystery, secret
Μωϋσῆς, -έως, ὁ	Moses
ναί	yes, certainly
ναός, -οῦ, ὁ	temple
νεκρός, -ά, -όν	adj: dead; noun: dead body, corpse
νεφέλη, -ης, ἡ	cloud
νικάω	to conquer, overcome
	νικήσω, ἐνίκησα, νενίκηκα, –, –
νόμος, -ου, ὁ	law; principle
νῦν	adverb: now; noun: (the) present
νύξ, νυκτός, ἡ	night
ὁ, ἡ, τό	the

ὁδός, -οῦ, ἡ	way, road; journey; conduct
οἶδα	to know, understand εἰδήσω, ᾔδειν, –, –, –
οἰκία, -ας, ἡ	house, home
οἰκοδομέω	to build (ᾠκοδόμουν), οἰκοδομήσω, ᾠκοδόμησα, –, ᾠκοδόμημαι, οἰκοδομήθην
οἶκος, -ου, ὁ	house, home
οἶνος, -ου, ὁ	wine
ὀλίγος, -η, -ον	little, few
ὅλος, -η, -ον	adj: whole, complete adv: entirely
ὀμνύω	to declare an oath, swear an oath, promise with an oath –, ὤμοσα, –, –, –
ὅμοιος, -οία, -ον	like, similar
ὁμοίως	likewise, in the same way
ὁμολογέω	to confess, profess (ὡμολόγουν), ὁμολογήσω, ὡμολόγησα, –, –, –
ὄνομα, -ατος, τό	name; reputation
ὀπίσω	gen: behind, after
ὅπου	where
ὅπως	how; (in order) that
ὁράω	to see, notice, experience ὄψομαι, εἶδον, ἑώρακα, –, ὤφθην
ὀργή, -ῆς, ἡ	anger, wrath
ὄρος, ὄρους, τό	mountain, hill
ὅς, ἥ, ὅ	who (whom), which
ὅσος, -η, -ον	as great as, as many as
ὅστις, ἥτις, ὅτι	whoever, whichever, whatever
ὅταν	whenever
ὅτε	when
ὅτι	that; since; because; (untranslated) a marker of direct address

οὐ (οὐκ, οὐχ)	not
οὐαί	Woe! Alas!
οὐδέ	and not, not even; neither, nor
οὐδείς, οὐδεμία, οὐδέν	no one, none, nothing
οὐκέτι	no longer
οὖν	therefore, accordingly; then
οὔπω	not yet
οὐρανός, -οῦ, ὁ	heaven; sky
οὖς, ὠτός, τό	ear
οὔτε	and not, neither, nor
οὗτος, αὕτη, τοῦτο	singular: this (one); plural: these
οὕτως	thus, so; in this manner
οὐχί	not
ὀφείλω	to owe; ought (ὤφειλον), –, –, –, –, –
ὀφθαλμός, -οῦ, ὁ	eye, sight
ὄχλος, -ου, ὁ	crowd, multitude
παιδίον, -ου, τό	child, infant
πάλιν	again
πάντοτε	always
παρά	gen: from; dat: beside, in the presence of; acc: alongside of
παραβολή, -ῆς, ἡ	parable
παραγγέλλω	to command (παρήγγελλον), –, παρήγγειλα, –, παρήγγελμαι, –
παραγίνομαι	to come, arrive (παρεγινόμην), –, παρεγενόμην, –, –, –
παραδίδωμι	to deliver, entrust; hand over (παρεδίδουν), παραδώσω, παρέδωκα, παραδέδωκα, παραδέδομαι, παρεδόθην

παρακαλέω | to call (to one's side); urge, implore; comfort
(παρεκάλουν), –, παρεκάλεσα, –, παρακέκλημαι, παρεκλήθην

παράκλησις, -εως, ἡ | comfort, encouragement

παραλαμβάνω | to take, take over
παραλήμψομαι, παρέλαβον, –, –, παραλημφθήσομαι

παρέρχομαι | to pass away, pass by
παρελεύσομαι, παρῆλθον, παρελήλυθα, –, –

παρίστημι | to present, to be present
παραστήσω, παρέστησα, παρέστηκα, –, παρεστάθην

παρρησία, -ας, ἡ | boldness, openness

πᾶς, πᾶσα, πᾶν | sg: each, every; pl: all

πάσχα, τό | Passover

πάσχω | to suffer
–, ἔπαθον, πέπονθα, –, –

πατήρ, πατρός, ὁ | father

Παῦλος, -ου, ὁ | Paul

πείθω | to persuade
(ἔπειθον), πείσω, ἔπεισα, πέποιθα, πέπεισμαι, ἐπείσθην

πειράζω | to test, tempt
(ἐπείραζον), –, ἐπείρασα, –, πεπείρασμαι, ἐπειράσθην

πέμπω | to send
πέμψω, ἔπεμψα, –, –, ἐπέμφθην

πέντε | five

περί | gen: concerning, about; acc: around

περιπατέω | to walk (around); live
(περιεπάτουν), περιπατήσω, περιεπάτησα, –, –, –

περισσεύω | to abound
(ἐπερίσσευον), –, ἐπερίσσευσα, –, –, περισσευθήσομαι

περιτομή, -ῆς, ἡ | circumcision

Πέτρος, -ου, ὁ | Peter

Πιλᾶτος, -ου, ὁ | Pilate

πίνω | to drink
(ἔπινον), πίομαι, ἔπιον, πέπωκα, –, ἐπόθην

πίπτω	to fall
	(ἔπιπτον), πεσοῦμαι, ἔπεσον or ἔπεσα, πέπτωκα, –, –
πιστεύω	to believe, have faith (in), trust
	(ἐπίστευον), πιστεύσω, ἐπίστευσα, πεπίστευκα,
	πεπίστευμαι, ἐπιστεύθην
πίστις, πίστεως, ἡ	faith, belief; trust; teaching
πιστός, -ή, -όν	faithful, believing
πλανάω	to go astray, mislead
	πλανήσω, ἐπλάνησα, –, πεπλάνημαι, ἐπλανήθην
πλείων, πλεῖον	larger, more
πλῆθος, -ους, τό	multitude
πλήν	adverb: nevertheless, but; prep (gen): except
πληρόω	to fill, complete, fulfill
	(ἐπλήρουν), πληρώσω, ἐπλήρωσα, πεπλήρωκα,
	πεπλήρωμαι, ἐπληρώθην
πλοῖον, -ου, τό	ship, boat
πλούσιος, -α, -ον	rich
πνεῦμα, -ατος, τό	spirit, Spirit; wind, breath; inner life
πνευματικός, -ή, -όν	spiritual
πόθεν	from whom? from where?
ποιέω	to do, make
	(ἐποίουν), ποιήσω, ἐποίησα, πεποίηκα, πεποίημαι, –
ποῖος, -α, -ον	of what kind? which? what?
πόλις, -εως, ἡ	city, town
πολύς, πολλή, πολύ	sg: much; pl: many; adverb: often
πονηρός, -ά, -όν	evil, bad
πορεύομαι	to go, proceed; live
	(ἐπορευόμην), πορεύσομαι, –, –, πεπόρευμαι, ἐπορεύθην
πορνεία, -ας, ἡ	fornication
πόσος, -η, -ον	how great? how much? how many?
ποτέ	at some time
ποτήριον, -ου, τό	cup
ποῦ	where?

πούς, ποδός, ὁ	foot
πράσσω	to do πράξω, ἔπραξα, πέπραχα, πέπραγμαι, –
πρεσβύτερος, -α, -ον	adj: older; noun: elder
πρό	gen: before
πρόβατον, -ου, τό	sheep
πρός	acc: to, towards; with
προσέρχομαι	to come, go to (προσηρχόμην), –, προσῆλθον, προσελήλυθα, –, –
προσευχή, -ῆς, ἡ	prayer
προσεύχομαι	to pray (προσηυχόμην), προσεύξομαι, προσηυξάμην, –, –, –
προσκαλέω	to summon –, προσεκαλεσάμην, –, προσκέκλημαι, –
προσκυνέω	to worship (προσεκύνουν), προσκυνήσω, προσεκύνησα, –, –, –
προσφέρω	to bring to, offer, present (προσέφερον), –, προσήνεγκον or προσήνεγκα, προσενήνοχα, –, προσηνέχθην
πρόσωπον, -ου, τό	face; appearance
προφητεύω	to prophesy (ἐπροφήτευον), προφητεύσω, ἐπροφήτευσα or προεφήτευσα, –, –, –
προφήτης, -ου, ὁ	prophet
πρῶτος, -η, -ον	first; earlier
πτωχός, -ή, -όν	adj: poor; noun: poor person
πῦρ, πυρός, τό	fire
πῶς	how?
ῥῆμα, -ατος, τό	word, saying; matter, thing
σάββατον, -ου, τό	Sabbath; week
σάρξ, σαρκός, ἡ	flesh; body
σεαυτοῦ, -ῆς	of yourself
σημεῖον, -ου, τό	sign, miracle

σήμερον — today

Σίμων, -ωνος, ὁ — Simon

σκανδαλίζω — to cause to sin; stumble; take offense
(ἐσκανδαλιζόμην), –, ἐσκανδάλισα, –, –, ἐσκανδαλίσθην

σκότος, -ους, τό — darkness

σός, σή, σόν — your, yours (sg)

σοφία, -ας, ἡ — wisdom

σπείρω — to sow
–, ἔσπειρα, –, ἔσπαρμαι, ἐσπάρην

σπέρμα, -ατος, τό — seed, descendants

σταυρός, -οῦ, ὁ — cross

σταυρόω — to crucify
σταυρώσω, ἐσταύρωσα, –, ἐσταύρωμαι, ἐσταυρώθην

στόμα, -ατος, τό — mouth

στρατιώτης, -ου, ὁ — soldier

σύ — you (sg)

σύν — dat: with

συνάγω — to gather together, bring together; lead
συνάξω, συνήγαγον, –, συνῆγμαι, συνήχθην

συναγωγή, -ῆς, ἡ — synagogue; meeting

συνείδησις, -εως, ἡ — conscience

συνέρχομαι — to assemble; travel with
(συνηρχόμην), –, συνῆλθον, συνελήλυθα, –, –

συνίημι — to understand
συνήσω, συνῆκα, –, –, –

σῴζω — to save, deliver, rescue
(ἔσῳζον), σώσω, ἔσωσα, σέσωκα, σέσῳσμαι, ἐσώθην

σῶμα, -ατος, τό — body

σωτηρία, -ας, ἡ — salvation; deliverance

τέ — and (so), so

τέκνον, -ου, τό — child; descendant

τελέω — to finish, fulfill
τελέσω, ἐτέλεσα, τετέλεκα, τετέλεσμαι, ἐτελέσθην

τέλος, -ους, τό	end, goal
τέσσαρες, -ων	four
τηρέω	to keep, guard; observe (ἐτήρουν), τηρήσω, ἐτήρησα, τετήρηκα, τετήρημαι, ἐτηρήθην
τίθημι	to put, place (ἐτίθην), θήσω, ἔθηκα, τέθεικα, τέθειμαι, ἐτέθην
τιμή, -ῆς, ἡ	honor, price
τις, τι	someone/thing; certain one/thing; anyone/thing
τίς, τί	who? what? which? why?
τοιοῦτος, -αύτη, -οῦτον	such, of such a kind
τόπος, -ου, ὁ	place; location
τότε	then; thereafter
τρεῖς, τρία	three
τρίτος, -η, -ον	third
τυφλός, -ή, -όν	blind
ὕδωρ, ὕδατος, τό	water
υἱός, -οῦ, ὁ	son; descendant
ὑμεῖς	you (pl)
ὑπάγω	to depart (ὑπῆγον), –, –, –, –, –
ὑπάρχω	to be; exist (ὑπῆρχον), –, –, –, –, –
ὑπέρ	gen: in behalf of; acc: above
ὑπό	gen: by; acc: under
ὑπομονή, -ῆς, ἡ	endurance, perseverance
ὑποστρέφω	to return, turn back (ὑπέστρεφον), ὑποστρέψω, ὑπέστρεψα, –, –, –
ὑποτάσσω	to subject, subordinate –, ὑπέταξα, –, ὑποτέταγμαι, ὑπετάγην
φαίνω	active: to shine; passive: to appear φανήσομαι, ἔφανα, –, –, ἐφάνην

φανερόω	to reveal, make known
	φανερώσω, ἐφανέρωσα, –, πεφανέρωμαι, ἐφανερώθην
Φαρισαῖος, -ου, ὁ	Pharisee
φέρω	to carry, bear, produce
	(ἔφερον), οἴσω, ἤνεγκα, ἐνήνοχα, –, ἠνέχθην
φεύγω	to flee
	φεύξομαι, ἔφυγον, πέφευγα, –, –
φημί	to say, affirm
	(ἔφη), –, ἔφη, –, –, –
φιλέω	to love, like
	(ἐφίλουν), –, ἐφίλησα, πεφίληκα, –, –
Φίλιππος, -ου, ὁ	Philip
φίλος, -η, -ον	adj: beloved; noun: friend
φοβέομαι	to fear
	(ἐφοβούμην), –, –, –, –, ἐφοβήθην
φόβος, -ου, ὁ	fear; reverence
φρονέω	to think, regard
	(ἐφρονούμην), φρονήσω, –, –, –, –
φυλακή, -ῆς, ἡ	prison, watch
φυλάσσω	to guard; observe
	φυλάξω, ἐφύλαξα, –, –, –
φυλή, -ῆς, ἡ	tribe, nation
φωνέω	to call out, summon
	(ἐφώνουν), φωνήσω, ἐφώνησα, –, –, ἐφωνήθην
φωνή, -ῆς, ἡ	sound, noise; voice
φῶς, φωτός, τό	light
χαίρω	to rejoice, greet
	(ἔχαιρον), –, –, –, –, ἐχάρην
χαρά, -ᾶς, ἡ	joy, delight
χάρις, -ιτος, ἡ	grace, favor, kindness
χείρ, χειρός, ἡ	hand
χήρα, -ας, ἡ	widow
χρεία, -ας, ἡ	need

Χριστός, -οῦ, ὁ	Christ, Messiah; Anointed One
χρόνος, -ου, ὁ	time
χώρα, -ας, ἡ	land, region
χωρίς	gen: without, apart from
ψυχή, -ῆς, ἡ	life; soul; self
ὧδε	here
ὥρα, -ας, ἡ	hour; occasion, moment
ὡς	as, like; that; approximately; when, after
ὥσπερ	just as
ὥστε	therefore, so that

Verbs of the Sola Bootstrapa[1] Type

Present	Future Act/ Mid	Aorist Act/ Mid	Perfect Active	Perfect Mid/Pass	Aorist/Fut Pass
εἰμί (ἤμην)[2]	ἔσομαι	-	-	-	-
ἔρχομαι[3]	ἐλεύσομαι	ἦλθον	ἐλήλυθα	-	-
ἐσθίω[4]	φάγομαι	ἔφαγον	-	-	-
ἔχω[5]	ἕξω	ἔσχον	ἔσχηκα	-	-
λαμβάνω[6]	λήμψομαι	ἔλαβον	εἴληφα	εἴλημμαι	ἐλήμφθην
λέγω[7]	ἐρῶ	εἶπον	εἴρηκα	εἴρημαι	ἐρρέθην
οἶδα[8]	εἰδήσω	ᾔδειν	-	-	-
ὁράω[9]	ὄψομαι	εἶδον	ἑώρακα	-	ὤφθην
πάσχω[10]	-	ἔπαθον	πέπονθα	-	-
πίνω[11]	πίομαι	ἔπιον	πέπωκα	-	ἐπόθην
πίπτω[12]	πεσοῦμαι	ἔπεσον	πέπτωκα	-	-
φέρω[13]	οἴσω	ἤνεγκα	ἐνήνοχα	ἐνήνεγμαι	ἠνέχθην

---

1. The five "solas" of the Reformation are *sola Scriptura* (Scripture alone), *sola fide* (faith alone), *sola gratia* (grace alone), *solus Christus* (Christ alone), and *soli Deo gloria* (to the glory of God alone). The sixth *sola* for Greek verbs is *sola bootstrapa*, meaning, pull yourself up by your bootstraps and memorize these principal parts and verbal roots! The forms marked with an asterisk in the following footnotes represent a verbal root.
2. The form ἤμην is the imperfect of εἰμί.
3. *ερχ, *ελευθ
4. *εσθι, *φαγ
5. *σεχ
6. *λαβ
7. *λεγ, *ϝερ, *ϝεπ, *ϝρη
8. *οιδ, *ϝιδ
9. *ϝορα, *οπ, *ϝιδ
10. *παθ, *πενθ
11. *πι
12. *πτ or *πετ
13. *φερ, *οι, *ενεχ

Proper Nouns

The following alphabetical list contains all proper nouns that appear in this contextual vocabulary resource. There are 57 different proper names that occur a total of 190 times in the 172 texts. Remember, proper nouns are always capitalized in modern printed editions of the Greek New Testament.

Ἀβραάμ	Abraham	Ἰσαάκ	Isaac
Αἴγυπτος	Egypt	Ἰσραήλ	Israel
Ἀλέξανδρος	Alexander	Ἰταλία	Italy
Ἀνδρέας	Andrew	Ἰωάννα	Joanna
Ἀντιπᾶς	Antipas	Ἰωάννης	John
Ἀσία	Asia	Ἰωσῆς	Joses
Βαβυλών	Babylon	Ἰωσήφ	Joseph
Βαλαάμ	Balaam	Καῖσαρ	Caesar
Βαραββᾶς	Barabbas	Καισάρεια	Caesarea
Βαριωνᾶ	Bar-Jona	Κόρινθος	Corinth
Βηθλέεμ	Bethlehem	Λευίτης	Levite
Βοσόρ	Beor; Bosor	Μαγδαληνή	Magdalene
Γαβριήλ	Gabriel	Μαρία	Mary
Γαλιλαία	Galilee	Μαριάμ	Mary
Ἕλλην	Greek	Ναζαρά	Nazareth
Ἐφραίμ	Ephraim	Ναζωραῖος	Nazarene
Ζεβεδαῖος	Zebedee	Παῦλος	Paul
Ἠλίας	Elijah	Πέτρος	Peter
Ἡρῴδης	Herod	Πιλᾶτος	Pilate
Ἡρῳδιάς	Herodias	Σαμάρεια	Samaria
Ἰάϊρος	Jairus; Jair	Σαμαρίτης	Samaritan
Ἰακώβ	Jacob	Σάρδεις	Sardis
Ἰάκωβος	James	Σατανᾶς	Satan
Ἱεροσόλυμα	Jerusalem	Σίμων	Simon
Ἱερουσαλήμ	Jerusalem	Τυχικός	Tychicus
Ἰησοῦς	Jesus	Ὑμέναιος	Hymenaeus
Ἰορδάνης	Jordan	Φαρισαῖος	Pharisee
Ἰουδαία	Judea	Φίλιππος	Philip
Ἰούδας	Judas		

Greek Word Index

The following index contains an alphabetical listing of the 513 Greek words that appear 25 times or more in the Greek New Testament (excluding proper names). These are the words represented in this contextual vocabulary resource. The number associated with each word is not the page number, but rather the number of the text in each of the two lists. So, for example, ἀγαθός appears with the number 147. This is text 147, which happens to be 2 Thessalonians 2:16 on pages 53 and 91.

οὗτος	5	πληρόω	155	σημεῖον	23
οὕτως	2	πλοῖον	28	σήμερον	115
οὐχί	70	πλούσιος	139	σκανδαλίζω	29
ὀφείλω	120	πνεῦμα	156	σκότος	144
ὀφθαλμός	127	πνευματικός	129	σός	125
ὄχλος	25	πόθεν	92	σοφία	123
παιδίον	3	ποιέω	12	σπείρω	52
πάλιν	46	ποῖος	37	σπέρμα	67
πάντοτε	145	πόλις	4	σταυρός	45
παρά	24	πολύς	9	σταυρόω	48
παραβολή	25	πονηρός	87	στόμα	70
παραγγέλλω	15	πορεύομαι	16	στρατιώτης	10
παραγίνομαι	6	πορνεία	124	σύ	5
παραδίδωμι	148	πόσος	56	σύν	82
παρακαλέω	131	ποτέ	95	συνάγω	55
παράκλησις	147	ποτήριον	42	συναγωγή	111
παραλαμβάνω	3	ποῦ	63	συνείδησις	149
παρέρχομαι	42	πούς	73	συνέρχομαι	109
παρίστημι	62	πράσσω	142	συνίημι	51
παρρησία	100	πρεσβύτερος	44	σῴζω	45
πᾶς	21	πρό	74	σῶμα	47
πάσχα	85	πρόβατον	16	σωτηρία	119
πάσχω	33	πρός	6	τέ	117
πατήρ	5	προσέρχομαι	12	τέκνον	5
πείθω	44	προσευχή	36	τελέω	17
πειράζω	59	προσεύχομαι	68	τέλος	132
πέμπω	91	προσκαλέω	71	τέσσαρες	99
πέντε	171	προσκυνέω	35	τηρέω	96
περί	38	προσφέρω	150	τίθημι	63
περιπατέω	28	πρόσωπον	74	τιμή	117
περισσεύω	9	προφητεύω	21	τις	23
περιτομή	143	προφήτης	2	τίς	30
πίνω	72	πρῶτος	14	τοιοῦτος	96
πίπτω	73	πτωχός	103	τόπος	122
πιστεύω	12	πῦρ	169	τότε	23
πίστις	123	πῶς	96	τρεῖς	86
πιστός	157	ῥῆμα	102	τρίτος	108
πλανάω	39	σάββατον	22	τυφλός	12
πλῆθος	109	σάρξ	31	ὕδωρ	28
πλήν	43	σεαυτοῦ	94	υἱός	17

Scripture Index

The following index lists the verses of the Greek New Testament contained in this contextual vocabulary resource in canonical order. The numbers associated with each verse are the page numbers on which these verses appear. For example, Matthew 1:2 appears on pages 2 and 64 in this book.